公開買付けにおける意見表明は必要か？

（令和5年11月16日開催）

報告者　宮　下　　　央

（ＴＭＩ総合法律事務所弁護士）

目　次

金融商品取引法研究会出席者（令和 5 年 11 月 16 日）

ii

公開買付けにおける意見表明は必要か？

○**神作会長**　それでは、定刻になりましたので、ただいまから金融商品取引法研究会の第3回会合を始めさせていただきます。

　本日は、既にご案内しておりますとおり、TMI総合法律事務所弁護士の宮下央先生より、「公開買付けにおける意見表明は必要か？」というテーマでご報告をいただき、その後、ご報告をめぐってご討議を行っていただければと考えております。

　早速でございますが、宮下先生、ご報告をどうかよろしくお願いいたします。

［TMI総合法律事務所　宮下弁護士の報告］

○**宮下報告者**　TMI総合法律事務所の宮下と申します。よろしくお願いいたします。

　今回のご報告には、「公開買付けにおける意見表明は必要か？」という、少し挑戦的なタイトルを付けさせていただきました。

Ⅰ．対象会社の意見表明に関する法令上の定め

　2ページから中身に入ります。公開買付けの際に対象会社が行う意見表明をテーマにしていますので、まず法令上どういった規定になっているかを前提として確認させていただければと思います。

　金商法27条の10第1項ですが、公開買付けを受けた対象会社は10営業日以内に意見表明報告書を提出しなければなりません。その意見表明報告書の内容として何を書くのかというと、当然、一番重要な内容は、「意見の内容及びその根拠」を書くことになっております。より具体的には、取締役会で決議した内容となっています。

　法令上は意見の内容としか書いていないため、意見の内容として具体的に

何を書くのかが重要となります。これは法令の本文ではなく様式の中に書かれています。いわゆる他社株府令（発行者以外の者による株券等の公開買付けの開示に関する内閣府令）がありますが、その内閣府令の最後に、提出する書類の様式が付いていて、第4号様式が意見表明報告書の様式ですが、この様式の末尾に、「記載上の注意」として書かれています。「記載上の注意」まで至って、初めて意見の内容としてこういうことを書いてくださいということが出てきます。

　そこでも、記載すべき内容が断定的に書かれているわけではなくて、「例えば」ということで、「意見の内容については、例えば『公開買付けに応募することを勧める。』、『公開買付けに応募しないことを勧める。』、『公開買付けに対し中立の立場をとる。』、『意見の表明を留保する。』等わかりやすく記載すること。」と書かれています。「記載上の注意」も法令の一部ですが、法令の中で、意見の内容としてこういうことを書くということに触れられているのはこの部分だけになります。「例」としてこれが書かれているだけです。なおかつ、「応募することを勧める」とか、「応募しないことを勧める」という意見についても、より具体的に、どういうことで「勧める」「勧めない」というのを判断するのか、これは特に法令上は全く明らかになっていないという状況です。

Ⅱ．実際の意見表明報告書の記載内容

　では、こういった法令の規定を受けて、実務上はどう対応されているかという話が3ページです。今見たように、記載上の注意としては、応募することを勧める、応募しないことを勧めるという、応募することを勧めるかどうかに関してだけ例が書いてありますが、実務上の対応としては、ここに書いてあるような2つの内容の意見に分けて記載することが一般的な対応になっています。

　具体的には、①公開買付けに賛同するかどうか、②公開買付けに応募することを勧めるかどうかという2点です。②の公開買付けに応募することを勧

めるかどうかというのが、先ほど記載上の注意で例として書かれていたもの
です。それに加えて、公開買付けに賛同するかどうかについても意見を言う
のが実務上の一般的な対応になっています。

　実際に 2023 年に提出された意見表明報告書では、ほぼ例外なくこの２つ
の意見がいずれも記載されています。今年はまだ終わっていませんので、
2023 年 11 月 10 日までの時点で提出されたものを全部確認しました。60 件
ありますが、①、②の意見について賛同するか否かについては 60 件中 60 件
全部に記載されていて、応募することを勧めるか否かについては 60 件中 59
件に記載されております。

　１件だけ記載されていないものがありますが、これは賛同していないもの、
公開買付け自体に反対している、いわゆる敵対的買収の場合です。考え方と
しては、そもそも賛同していないのだから応募することを勧めないに決まっ
ているじゃないかということで、応募することを勧めるかどうかを書くまで
もないということなのかもしれません。

　この敵対的買収のものだけは応募することを勧めるか否かについての記載
がありませんが、それ以外のものについては全て賛同するかどうかと、応募
することを勧めるかどうかが分けて記載されているという状況です。ですの
で、この２つを分けて書くということが確立した実務になっていると言える
と思います。

Ⅲ．それぞれの意見の根拠

　では、この①賛同するかどうかと、②応募することを勧めるかどうかをな
ぜ分けて書かれるのか、何が違うのかということです。４ページでは、それ
ぞれどういう考え方に基づいて賛同するか否か、あるいは応募することを勧
めるか否かの意見が述べられているかをまとめています。

　先ほどから申し上げているように、法令上何かそういうルールがあるわけ
ではありませんが、実務上、恐らく一般的にこのように整理されているとい
うことで言うと、賛同するか否かというのは、公開買付けが行われること自

体が良いことなのかどうか、公開買付けが行われること自体についての是非の話なので、会社にとって良いことなのかどうか、企業価値が向上するかどうかという観点で判断しており、企業価値が向上すると判断されれば賛同するし、企業価値が向上しない、毀損されると判断すれば反対する、そういう判断基準で賛同するか否かの意見が述べられているというのが、今の一般的な整理だろうと思います。

では、応募することを勧めるか否かは何で決まるのかというと、これは個々の株主が公開買付けに応募することについての是非なので、公開買付価格に対する評価に基づいて勧めるか勧めないか判断されるというのが、今の一般的な整理だろうと思います。

資料上の記載としては「？」がついているのは、そのことは必ずしも自明ではなくて、先ほど2023年に提出された意見表明報告書の話をしましたが、ずっと以前から実務上同様の対応が取られているかというと必ずしもそうではなくて、例えば15年ぐらいさかのぼって2007年ごろの意見表明報告書を見ると、①、②の意見は必ずしも区別されていなかったように見えます。

そもそも賛成・反対だけは書かれているけれども、応募することを勧めるかどうかに関しては何も言っていない意見表明報告書があったり、あるいは、これはなかなかおもしろいなと思ったのですが、「賛同する、したがって応募推奨する」という書き方をしている意見表明報告書が割と一般的にあります。

資料に「（応募の『推奨』なので、応募してほしいという『希望』・『願望』であってはならないはず。）」と書いていますが、「応募推奨」とか「応募することを勧める」という日本語の本来の意味からすると、応募することがいいことなのかどうかについての意見だと捉えるのが自然であって、それは、会社から見た場合の「こうしてほしい」という願望とか希望とは別のものだと捉えるほうが自然だと思います。そういう意味で、応募することを勧める・勧めないと言うのであれば、それは希望とか願望ではなく、より客観的な、いいことなのか悪いことなのかという判断に基づいているのではないかと思

うわけです。

　以前、2007年当時の意見表明報告書では、「賛同するので応募推奨する」という書き方が普通に行われていて、この書き方だと賛同することが全てであって、応募推奨することはそれに付随して、賛同するので応募してほしいという希望とか願望が書かれているように見えます。そういう意味では、昔から一貫して資料に書いてあるような考え方、価格に対する評価に基づいて応募を勧めるかどうかが判断されているかというと、恐らく必ずしもそうではなく、以前はそうではなかったものが、だんだん実務として価格に基づいて勧めるか勧めないかという意見を述べると考えられるようになってきたということかと思います。

　実際に、公開買付届出書の記載内容は、実務上は関東財務局に事前相談するというプロセスがあります。関東財務局に対してドラフトを提出して、それに対して関東財務局あるいは金融庁からのコメントを受けるというプロセスがあります。そのプロセスの中で、金融庁、関東財務局側から色々なコメントが入ってきます。そのコメントに対して基本的には全て対応するという実務になっています。

　「届出」ではありますが、事実上、事前の審査に近いプロセスが入るというのが実態としてはあります。そのプロセスの中で、こういうことを書くべきであるとか、こういうことを書きなさいという実務上の運用が決まってくるところがあります。

　私の感覚で言うと、2007年当時、さっき申し上げたように、この意見の内容はそんなに確立されておらず、賛同・反対と、応募を勧める・勧めないということをこうやって区別することはそれほど確立されていなかったのですが、その後の、さっき申し上げた公開買付届出書の事前確認のプロセスの中で徐々に運用が固まってきており、その運用は、金融庁、関東財務局、規制当局側の考えを受けてそのようになってきているというところがあると思います。

　今、公開買付届出書の事前審査、事前確認を受ける際に、先ほど来申し上

げているような意見の内容として、こういう2つの意見を分けていずれも記載されているという状況ではないものを提示した場合、必ず、この2つそれぞれについて記載するよう指摘を受けると思います。そういう意味では、法令そのものではありませんが、一種の規制として、こういった2つの意見を書くことが求められているという実態になっていると思います。

Ⅳ．応募推奨に関する意見の傾向

その結果として、現在、2023年において提出される意見表明報告書の意見の内容は、こういう場合はこう記載されるというかなり顕著な傾向があって、それが5ページの表です。先ほど申し上げたように、賛同するかどうかということと応募を勧めるかどうかということを分けてそれぞれ記載します。それぞれどう判断しているかというと、賛同するかどうかは企業価値が向上するかどうかに着目していて、応募を勧めるかどうかは公開買付価格との関係で判断しています。

公開買付けの場合、非公開化が典型ですが、最終的に公開買付けの後に会社法上の手続でスクイーズアウトを行うことも含めて対象者の株式を全部取得することを目的とした公開買付けと、そうではない、例えば50.1%取得することを目的にしているとか、公開買付けを行った後も対象者の上場が維持されるような公開買付け、大きく分けるとその2パターンがあります。それぞれ全部買付けと部分買付けと表現しましたが、対象者側の意見の内容は、全部買付けの場合と部分買付けの場合で明確に対応が分かれています。

表に書いてあるように、先ほど60件中59件が応募を勧めるかどうかについての意見が記載されているというお話をしたと思いますが、全59件のうち、部分買付けが14件、全部買付けが45件ありました。14件ある部分買付けに関しては、応募を勧めるという意見が出されているものは1件もありません。全て株主に委ねますという意見になっています。これに対して45件ある全部買付けに関しては、45件中44件が応募を勧めるという意見で、1件だけ株主に委ねるという意見があるという状況です。

全部買付けのうち株主に委ねるという意見になっている1件がどういうものか具体的に見ていくと、ちょっと複雑なストラクチャーですが、公開買付けをやった後にさらに株式交換をして最終的に完全子会社化することを予定しているという取引でした。株式交換をするのになぜその前に公開買付けをやっているかというと、大株主がいて、その大株主から現金で少し安く買います。その上で、残った株主に関しては株式交換を使って株を対価にして取得するという2段階の取引になっていました。

　交渉上、大株主以外からはこの価格で買うのは難しいけれども、大株主からは市場株価よりも安く買えるので、そうであれば大株主から安く買ってしまおうということで、最初にTOBをして、ディスカウントのTOBなのでほかの株主がここに応募してくることは想定されていなくて、ほかの株主からは株を対価にして株式交換で取得しようという2段階での取引のようでした。

　そうすると、全体として見ると、非公開化・完全子会社化を目的としていて、かつ公開買付けにおいて買付け予定の株式数の上限も付されていないので、一応、この表上は全部買付け側に入っているのですが、公開買付けそのものは大株主しか応募しないことを予定しているので、そこを見れば事実上は部分買付けの事例だと考えると、全部買付けの場合は全部応募推奨がなされていて、部分買付けの場合は全部「株主に委ねる」という意見になっていると捉えても良いのではないかと思います。

Ⅴ．応募推奨に関する意見の傾向の理由

　なぜこのような顕著な傾向が現れるようになっているのかということを改めて整理したのが、6ページの「応募推奨に関する意見の傾向の理由」と書かせていただいた部分です。

　部分買付けの場合と全部買付けの場合の大きな違いとして、株主が、公開買付けが終わった後も対象者の株式を継続保有する余地があるのが部分買付けです。そうすると、対象者が賛同している公開買付けなので、対象者は企

業価値が向上すると考えているところ、企業価値が向上するのであれば継続保有することに合理性があるのではないかということで、継続保有することに合理性があるのであれば応募を勧めるということにはならないので、部分買付けの場合には応募を勧めるという意見にならないはずであるということです。

実際に提出されている意見表明報告書を見ると、そこまで明確には書かれていないことも多いですが、単純に、公開買付けの後も上場が維持される予定なので、引き続き株式を所有するという選択肢をとることにも十分な合理性が認められる、だから「株主の判断に委ねる」ということが書かれているものがあります。

ただ、厳密には“上場が維持されるから継続所有することに合理性がある”という説明はあまり根拠がなく、さらに言うと、“企業価値が向上するはずだから継続保有することに合理性がある”ということも必ずしもそうではないはずで、論理的には、部分買付けで企業価値の向上が期待される場合であっても、公開買付価格との関係で決まるはずだと思います。

具体的には、企業価値は向上することが期待されるけれども、期待される企業価値の向上以上の公開買付価格であれば、応募したほうが合理性があるのであって、企業価値が向上するから必ず継続保有することに合理性があるわけではないはずです。あくまでも、公開買付価格との関係で応募すべきかどうかが決まるはずなのですが、実務としては、実際に提出されている意見表明報告書の中でそこを検証しているものは、見ないように思います。その点の厳密な検証まではせずに、企業価値の向上が期待できるため継続保有することにも合理性があるという内容になっていることが多い印象です。

これはなぜかというと、1つは、公開買付けが行われることによって企業価値が向上することが期待できるといっても、それがどれぐらい向上するのかを定量化することは難しいので、実際に向上する企業価値を計算して、それとの比較で公開買付価格が妥当かどうかということを検証することは現実的には困難であるということがあると思います。

そのような厳密な検証を行う代わりに、ある程度一般化できることとして、買付者が経済的に合理的であれば、当該買付者が公開買付けにより対象者の株式を取得した結果として、これだけ企業価値を高められると考えている以上の公開買付価格で公開買付けを行うことはないと思いますので、そうであるとすると、一般株主から見ると、買付者が経済合理的である場合は、継続保有したほうが、より高い株式価値が実現することが期待できるはずであるといえます。したがって、一般論としては、厳密な検証を行わなくても継続保有したほうが有利であるということは、一応言えるのではないかと思います。

　一般論としてそのように考えるのであれば、対象者が出す意見としては、「株主に委ねる」ではなく、むしろ「応募しないことを勧める」ということのほうが正しいことになりそうですが、会社から見た場合、企業価値が向上すると考えている公開買付けについて、「応募しないことを勧める」という意見を言うと、公開買付け成立しない方向に働いてしまいますので、そのような意見を述べることは会社として正しいことなのかどうかという議論が生じ得ると思います。そのようなジレンマ的な状況を踏まえて、「株主に委ねる」という意見になっているとも考えられます。

　「株主に委ねる」という意見である場合も、さらに詳しく公表事例を見ていくといろいろなパターンがあって、公開買付価格について対象者側は一切何も検討していないのかというと、そうではないのが通常で、公開買付価格についての一定の検討や言及をしている例が多いですが、応募を勧める・勧めないということは言わず、結論としては「株主に委ねる」ということになっています。

　例外的にディスカウント TOB、市場価格を下回る公開買付価格での TOB の場合は、特定の、もともと公開買付けに応募して売却することについて合意している人以外の人にとっては合理性がある価格だとは言えないのが通常なので、その場合は、対象者は価格についての検証を全くしないことが多いです。意見表明報告書上も、公開買付価格の妥当性については触れられず、

単に、「株主に委ねる」という書き方になっています。これが部分買付けの場合です。

全部買付けの場合はどうなるかというと、部分買付けの場合と違って、公開買付けが行われた後に会社法上のスクイーズアウトの手続があって、株主は基本的に継続保有する余地がありません。通常は、買付者が3分の2以上の議決権を取得することが公開買付けの成立条件になっていて、公開買付けが成立した場合には必ずスクイーズアウトが行われます。

そうすると、そもそも公開買付けが成立しないか、あるいは、公開買付けが成立した場合には必ずスクイーズアウトが行われて既存株主は株式を手放すことになるという特徴があります。ですので、既存株主から見た場合、公開買付けが成立すること、すなわち取引が実行されることによる対象者の企業価値の向上にあずかる機会はない類型の取引になります。

ですが、この場合も、先ほどの部分買付けの場合と同じで、買付者が経済合理的であれば、買収後の企業価値向上分を超えるような公開買付価格が提示されることはありません。そういう意味では、将来的な企業価値向上分と比較すると、それよりも低い公開買付価格が提示されているわけです。

ただ、部分買付けの場合と違うのは、先ほど申し上げたように、既存株主は、買収後、買収による企業価値向上が実現した後の対象者の株式を継続保有することはできない取引形態ですので、そうであるとすると、買収により実現する企業価値向上後の価値よりも低い公開買付価格であったとしても、買収が存在しない場合の対象者の株式価値よりも高い公開買付価格であれば、応募を推奨することがあり得るという点にあると考えられます。

また、先ほど申し上げたように、全部買付けの場合は、公開買付けが行われた後に、対象者が主体となって会社法上のスクイーズアウトの手続を行います。そのスクイーズアウトの手続に際して少数株主に交付される対価は、実務上必ず、公開買付価格と同額とされます。

そうすると、対象者の立場としては、自分たちが応募推奨できないような公開買付価格で公開買付けの後にスクイーズアウトを行うことは自己矛盾に

なってしまうので、スクイーズアウトをすることを予定している以上は、公開買付価格は応募を推奨することができるようなものであるということになると思います。

資料の中で、取消線で消しているのは、すごく単純に考えると、対象者としては企業価値を向上する取引を実現したいから公開買付けが成立してほしいと思っている、だから応募を推奨するということがあり得るわけですが、そのような考え方は、今ではあまり通用しないというか、少なくとも意見表明報告書の記載内容としては、そのような書き方では認められないというのが現状ではないかと思います。線で消しているのはそういう意味です。

ただ、これにも例外があって、いわゆる敵対的買収の場合です。もし、企業価値が向上するかどうかと、公開買付価格が十分なものかどうかという判断基準を分けて、それによって賛同・反対と、応募を勧める・勧めないということを意見するという考え方を徹底すると、敵対的買収の場合も、理論的には、公開買付けには反対だけど応募を勧めるということがあり得るわけです。企業価値は毀損すると考えるけれども、公開買付価格は十分であるため応募することを勧めるということが理屈上はあり得ることになります。

しかし、実際はそうなっておらず、公開買付けに反対なので応募しないでくださいという意見がなされているという状況です。すなわち、敵対的買収の場面では、いまだに賛同・反対と直接紐づいて応募を勧める・勧めないという意見が述べられている、対象者側の願望なり希望がストレートに述べられているという状況であると思います。

ただ、そのような例外的な場合を除けば、先ほど来申し上げているように、願望とか希望ではなく、公開買付価格との関係でどうかというところに基づいて意見すべきであるというのが現在の一般的な考え方になっていると考えられます。

Ⅵ．全部買付け（非公開化事案）における応募推奨に関する意見の傾向

　7ページは、さらに調査対象を広げてみた場合、2022年までさかのぼって見た場合でも、全く同じような状況になっているということです。

　2022年はたまたま同じ件数で全59件ありましたが、そのうち47件が全部買付けで、47件中46件で応募推奨がなされていました。

　2022年も1件だけ応募推奨がない案件がありました。これも先ほどと似たような話で、実質的には1つの案件で2回公開買付けが行われていて、1段階目の公開買付けは大株主からディスカウントで買うという、先ほどの公開買付けと株式交換を組み合わせる事例と同じような状況ですが、この2022年の事例は2回とも公開買付けでした。1回目はディスカウントで、2回目はプレミアムがついた価格で一般株主が応募することを予定しているという形態でした。その結果として、1段階目の公開買付けのときにはディスカウントなので応募推奨がなされていなかったという事例です。非常に特殊な例なので、そういった特殊な状況を除けば全部買付けの事案の全件で応募推奨がなされているという状況になっています。

Ⅶ．応募推奨がなされない場合に何が起こるか

　このように全部買付けの場合は全件必ず応募推奨がなされるということになると、結果的に何が起こるかという話が8ページの内容です。

　全部買付けの事例で、買付者から対象者、公開買付けの提案があってから、実際に公開買付けが実施されるまで、公表されるまでの間に、買付者と対象者側で交渉が行われることになります。その交渉の中で、公開買付価格についての協議・交渉も行われますが、上場会社の株式の売買なので、本来は価格について買付者と対象者が合意しなければ取引が実施できないということは全くなく、既存株主が売り主になり、買付者が買い主になって、買い主と売り主との間で株式の売買の取引が成立するので、対象者が応募推奨しよう

がしまいが公開買付けは行えるということではあります。

しかし、先ほど来申し上げているように、全部買付けの場合は必ず応募推奨がなされるという状況が一般化してしまうと、対象者側と交渉をする中で、対象者側が応募推奨しないと言うと、取引を行うこと自体が困難になってしまうということが考えられます。なぜかというと、買付者から見ると、全部買付けなのに対象者が応募の推奨をしていないという、実例からすると極めて異例な状況が起こっているということになるので、買付者側はそのような極めて異例な状況の中で公開買付けを行うことはできないという判断になりやすいためであると考えられます。

いわゆる敵対的買収が一般的に行われにくいことと似たような状況だと思いますが、これは、いわゆる敵対的買収ではありません。対象者は、取引を行うこと自体に反対しているわけではなく、公開買付けを行うことには賛成だけれども、応募推奨はできない、この公開買付価格なら応募するかどうかの判断は株主に委ねるという意見になります。

このような状況の場合、買付者の判断としては、そのような特殊な状況、イレギュラーなケースであるということを嫌がって、公開買付け自体を行われないという判断になり得ます。最近は徐々に増えている傾向がありますが、これまで敵対的買収が非常に行われづらかったのと同じような理由で、応募推奨がなされないので、全部買付けの公開買付けは行わないということが起こり得ます。

これには良い面と悪い面があると思いますが、公開買付けのいわゆる強圧性のことを考えなければ、この公開買付価格が十分かどうか、応募するかどうかは、本来は株主自身が判断すれば良いことであって、対象者の意見によって株主による判断の機会自体がなくなってしまうということが起こるとすると、それが果たして良いことなのかは悩ましい問題だと思います。

もう１つ、対象者側の応募推奨がない状態で公開買付けをする場合、事後的に紛争になる可能性が高まるということがあると考えられます。

紛争とは何かというと、全部買付けの場合、公開買付けを行い、その後、

会社法上の手続でスクイーズアウトする場合は、会社法上のスクイーズアウトの手続の過程で少数株主が価格について争うことができますが、対象者の応募推奨がない場合、裁判所の価格決定の判断の際に不利になる可能性があるのではないかということです。

これは資料としてお配りさせていただいていますが、少し前の事案で、カルチュア・コンビニエンス・クラブ事件の大阪地裁の決定で、少数株主の申し立てを認めて価格を引き上げた事例があります。その中で、対象者側が応募推奨をしていないということを1つの要素として捉えているような事実認定があります。対象者による応募推奨なかったとことを捉えて「特殊な事例であったといえる。」という事実認定がありました。

それから、直近で、少数株主の申し立てを認めて価格を引き上げた事例であるファミリーマート事件に関しても、決定の内容として、対象者が応募推奨をしていないということを直接理由としているわけではないと思いますが、事実としては対象者が応募推奨していなかった事案になります。

資料の一番下に「紛争を招きやすくなる？」と書いたのは、このように裁判所の判断に影響を与え得るのではないかということに加えて、事実の問題として、スクイーズアウトの手続などで価格決定の申し立てをする株主には、公開買付けの公表後に株式を取得する株主もいるところ、そのような株主にとっては、対象者が応募推奨をしていない事案は、価格決定の申し立てで"勝ち目がある"事案に見えると思いますので、そのような事案については、公表後に株式を取得して価格決定の申し立てを行うインセンティブが生じる可能性があると思います。

Ⅷ．応募推奨するか否かにおける取締役のインセンティブ構造

このように、応募推奨がなされないと案件自体が行われなくなったり、あるいは、応募推奨がなされないことが紛争の原因になったりする実態があるわけですが、そのことも踏まえて、対象者が応募を勧めるか勧めないかについて意見を述べることが適切なのかということについては、議論の余地があ

るのではないかと考えた次第です。

　このような状況を踏まえると、対象者の取締役が応募を勧めるかどうかを判断するに当たっては、様々なインセンティブが働き得る構造になっていると思います。

　大きくは、取締役個人が、案件が行われてほしいと思っている場合と、行われてほしくないと思っている場合に分けて考えると、まず、行われてほしくないと思っている場合です。

　全部買付けの事案においては、対象者としては、もともと上場会社であったところが非上場会社になるという状況ですが、例えば、企業価値が向上する可能性があることから積極的に反対まではしないものの、本来は、上場会社であり続けたいということもあり得ると思います。

　そのような場合、企業価値の向上の観点から積極的に反対まではしないものの、応募推奨しないことにより、事実上、買付者に公開買付けの実施を思いとどまらせるという行動を取るインセンティブが発生する可能性があります。

　また、取締役個人の責任という点でも、積極的に「応募を勧める」というよりも、「株主の判断に委ねる」ということの方が株主からのクレームは受けづらいと考えられるため、取締役が個人としてのリスクをできるだけ回避したいと考えると、「株主の判断に委ねる」という意見、すなわち、応募推奨をしない方向での意見となる可能性が高まると考えられます。

　このように、個人のリスク回避的な思考は、案件の成立に対してポジティブではない場合、特に生じやすいと考えられます。

　逆に、案件の成立にポジティブである場合はどうかというと、一番単純な話としては、公開買付価格が十分ではなかったとしても、公開買付けが成立してほしいので応募することを勧めるという意見に傾きやすいのではないかということです。

　また、難しい問題ですが、公開買付価格が高いことは、必ずしも対象者にとって良いこととは限られない側面があります。そのため、そのような点だ

けに着目すると、十分な価格ではなかったとしても応募を推奨するインセンティブが生じ得るということが一般論としてはいえます。

例えば、いわゆるLBOの場合は、公開買付けが行われた後に、公開買付者と対象者は合併することが想定されており、買付者が公開買付けの決済のために借り入れた金銭は、公開買付けの終了後、対象者の借入金になります。そのため、公開買付価格が高ければ高いほど、買付者が調達する金額が高くなり、結果的に公開買付け終了後に対象者の財務的な負担が重くなる場合があります。実際はそれほど単純な話ではありませんが、これは一例です。

このように、対象者が株主に応募を勧めるかどうかという判断をすることについては、別の方向のインセンティブがあり得ます。他方、対象者は本来、必ずしも投資判断の専門家ではないため、対象者が、応募することを勧めるかどうかということについて意見を述べることが本当に適切なのかどうかということに関しては、議論の余地があるのではないかというのが、今回のご報告のテーマ、問題意識です。

IX．問題意識

10ページの内容は、なぜこのようなことが起こるかということです。

1つは、冒頭に見たように、応募を勧めるかどうかという点についての判断基準が法令上存在しないことがあります。ややもすると、希望や願望が含まれているのではないかと見受けられる公表事例もあり、何らかの基準が示されたほうが、対象者が応募するかどうかに関する意見を述べることの適切さが確保できるのではないかと思います。

しかし、仮にその基準が示されたとして、例えば「公開買付価格の妥当性との関係で判断する」という基準が示されたとしても、先ほど申し上げたように、公開買付価格の妥当性以外の観点で判断するインセンティブもあるように思われるので、本当に対象者がその点についての意見を述べることに適しているのかどうかということは、なお議論の余地があると思います。

それではどのようにすれば良いかということですが、対象者が自身の主観

的な意見として公開買付価格が妥当だと考えるかどうかについて意見を述べる必要はないのではないかとも思います。対象者が公開買付価格の妥当性について意見を述べるのであれば、その根拠があるはずだと思いますので、その根拠を客観的に提示することだけを義務付け、主観的な判断は述べる必要がない、あるいは、むしろ述べてはならないという制度設計もあり得るのではないかと考えました。

　スライドの最後の「価格の妥当性についての客観的な情報を提供することはあり得るか？」は、現在の制度の下でも一定の情報は提供しているので、それだけしか記載しないものとすることがあり得るかという意味合いで捉えていただければと思います。今日申し上げたような問題意識があるので、そういう形にすることはどうなのかなと考えました。

　必ずしも結論があるわけではありません。私自身の考えとしても確実にこうだというものがあるわけではないので、問題意識を示させていただくということも含めて、今日のご報告とさせていただきました。

　以上です。

［討議］

○**神作会長**　宮下先生、大変貴重なご報告、また、重要な問題提起をいただき、ありがとうございました。

　それでは、ただいまの宮下先生のご報告について、どなたからでもご自由にご質問やご意見をお出しいただければと存じます。オンラインで参加の方もぜひご発言いただければと思います。いかがでしょうか。

○**大崎委員**　宮下先生、貴重なご報告、ありがとうございました。

　1つ質問ですが、宮下先生としては、ある意味で立法論として意見表明という制度そのものを廃止したほうがいいとお考えなのでしょうか。また、そうなりますと、意見表明報告書には質問を記載するというのがあって、その質問が記載された場合は対質問回答報告書を出すという制度になっているわけですが、これらも全部一括してやめたほうがいいというお考えなのかとい

うのが質問です。

　ついでに私の感想も先に言っておきたいのですが、非常におもしろい分析だなと思う一方で、なぜこのような問題が起きるのかというのは、実は日本企業のコーポレートガバナンスに大変深刻な問題があるからなのではないかと思います。特に非公開化の取引のときに問題が顕著になるというご指摘だったと思うのですが、確かに親子会社で、実は子会社取締役も親会社と事実上示し合わせているというシチュエーションだと、こういう状態が生じやすいなと率直に思ったのですね。

　仮に買収対象になる子会社のほうにも独立性の高い取締役が過半数とかいるような状態であれば、このような制度があって、例えば、企業価値向上には資するかもしれないけど価格の面で不満があるという表明をすることは、市場に対する正しいメッセージとなって、買収しようとする側も価格を再考する機会になったりして、むしろいいことなんじゃないかという気もします。

　ただ、日本企業の現状のコーポレートガバナンスを前提にすると、宮下先生がおっしゃったような分析がほぼ妥当するのかなという感想を持った次第です。

○宮下報告者　１点目は、意見表明報告書自体を廃止すべきかというご質問だと理解しましたが、必ずしも私は具体的にこういう制度にすべきだという意見まで持っているわけではありません。今日のご報告の限りで言うと、意見表明報告書自体をやめるべきだというよりは、意見の内容として、賛成・反対と、応募を勧めるかどうかという２つがあり、そのうちの後者のほうは必要なのかというところにフォーカスして検討しているので、賛成・反対について意見を述べることが適切かどうかという点は、今日のご報告の中ではテーマにしていません。

　あえて制度論に落とし込むとすると、意見表明報告書の中で応募を勧める・勧めないという意見はそもそも書かなくて良いのではないか、それを意見表明報告書の記載内容にしなくて良いのではないかというのが、今日の問題意識なので、意見表明報告書そのものをなくすべきだと考えているわけでは必

ずしもないことになります。

さらに踏み込んで言うと、応募を勧める・勧めないという意見を記載しなくて良いということにしても解決にならない可能性があります。記載しなくて良いということになっても、自発的に応募を勧めるとか勧めないということを記載することはどうなのかという議論があり得るためです。「記載してはならない」というルールにすることはなかなか難しいと思いますが、「記載してはならない」というルールにしない限り、先ほど申し上げたようなインセンティブ構造に起因する問題に対する対処ができなくなります。応募を勧めるか勧めないかということを記載しなくて良いということに留まらず、「記載してはならない」という制度にしないと、問題意識を完全に解消することにならないのではないかと思うのですが、現実問題、そのような制度にすることは相当難しいだろうと思っています。

「意見表明報告書に記載してはならない」というだけならまだしも、対象者がそのような意見をおよそ発信してはならないという制度にすることは、極めてハードルが高いと思うので、そのような意味で、最終的には意見表明報告書の記載内容を議論するだけでは解消できない問題なのかなと考えています。これが1点目のご質問の点です。

2点目は、大崎先生がおっしゃるとおりだと思います。親子上場のような状況で、構造的な利益相反状況がもともとある場合のほうがより問題が大きいということは、そのとおりであると思いますが、仮に独立性の高い社外取締役であっても、そもそも日本の会社法において、独立性の高い社外取締役が、何を一番重視して判断しなければいけないかということが必ずしも明確ではないことが問題の根源にあるのではないかと私は思っています。

会社の企業価値の向上と、特定の時点の株主が取引から得られる対価の多寡が一致していないような状況のときに、社外取締役を含む取締役は、何をより重視して判断すべきかという話だと思います。独立性の高い社外取締役であっても、取締役である以上は当然会社に対して善管注意義務を負っていて、伝統的な考え方からすると、会社の企業価値を向上させるかどうかとい

う観点がまず一義的に重要だということになるのではないかと理解しています。

　仮に、客観的に見て、企業価値が明らかに向上するものの、公開買付価格は十分ではないという状況が存在したとして、独立性の高い社外取締役であっても、そのような場合はM&Aが実現するような判断をすべきであるというのが、会社法に基づく取締役の義務からの帰結になるのではないかと思います。そうすると、仮に独立性の高い社外取締役であったとしても、取締役としての本来の義務を果そうとした結果、公開買付価格が十分ではないものの応募推奨する方向にインセンティブが働いてしまう状況は、理論的にはあるのではないかと考えています。

○**大崎委員**　応募推奨について記載することを禁じるということは、実はあり得るのではないかと私は思います。それはある意味、公開買付けに対して取締役には完全な中立性を要求するということだと思います。つまり、応募推奨を禁じるということになれば、賛成・反対もそもそも表明できなくなります。反対ということは応募推奨しないということとほぼイコールなわけですから、応募推奨について物を言ってはいけないということは、「反対」と言ってもいけないということになると思います。

　おっしゃったのは意見表明を禁じるという制度で、私は、それはそれで取締役に完全な中立性を求めて、公開買付けについては全て株主の判断に任せるという、ある意味素直な制度かなと理解しました。それでいきましょうということではありませんが、それは1つのおもしろい考えだなと思った次第です。

○**小出委員**　大変勉強になりました。ありがとうございます。

　今の大崎先生のご質問とほぼ同じような問題意識だと思うのですが、まず1点目は、宮下先生は、そもそも意見表明自体を廃止すべきかどうかということについて、意見表明には2つ内容があって、公開買付けに賛成か否かという部分については今回のご報告の対象ではないとおっしゃっておられました。ただ、最後のほうにおっしゃっていた取締役のインセンティブ構造のゆ

がみのようなものは、そもそも公開買付けに賛成するかどうかというところにも共通のことは言えるような感じもしました。もしこれを突き詰めていくのであれば、意見表明そのものも廃止すべきだということになるのかと承りましたが、その理解が正しいかということが1点目です。

2点目も、実は大崎先生とほぼ同じになるのかもしれないのですが、そもそも基準の価格が妥当かどうかが明確ではないというのが多分問題だと思います。

応募推奨については、場合によっては取締役がある意味株主の代弁者として、株主の利益を守るためによりよい条件を引き出すように使えるという意味では、望ましく働くような場合もあると思われます。そうすると、まさに宮下先生がおっしゃったように、ゆがんだインセンティブ構造に基づいて、意図的に誤ったような意見表明がなされることが本質的な問題なのではないかと思います。一方で有益な面もあるということでこの制度を活かすのであれば、誤ったインセンティブ構造による意見表明がなされないような仕組みを導入するという方向性もあり得るかと思われます。

ただ、そもそも取締役の意見にすぎないので、何を言おうが自由ではないかという考え方もあるかもしれません。意図的に誤った意見表明をすれば、それは取締役としての善管注意義務違反で、場合によっては会社法上の責任を問われることはあり得るかもしれませんが、まさにあくまで意見であるにすぎないがゆえに、それが誤っているということを立証するのは実際には相当困難であるように思われます。一方で、意見表明報告書は金商法上の開示書類ではあるものの、ほかの開示書類のように虚偽記載に関する責任のようなものが十分にないということを考えると、そちらのほうでサンクションを与えることも難しいであろうと思います。

そうなりますと、今の制度の構造上は、誤ったインセンティブに基づいた意見表明がなされることについて取締役を抑制するような仕組みが十分にないということであって、そうであれば、意見表明はあくまでそういうものだとして、株主、あるいは裁判所に理解してもらう。つまり意見表明はあくま

で取締役の意見にすぎないので、例えば応募推奨がなかったからといって案件がそもそも行われなくなるとか価格の決定の裁判において不利に扱われるといったことが起きないように、その意味についての理解を統一していくというのが、もう1つの方向性かなと思います。その意味で、宮下先生に今日報告していただいて、こういった問題点についての理解が広まっていくと、実務や裁判の方向性にとっても有益なのではないかなと思いました。

　ただ、その程度のものということであればもはや意見表明自体なくてもいいのではないかというのも、確かに大崎先生のおっしゃったとおり、あり得るのかなと思いました。

　意見ですが、以上です。

○**宮下報告者**　1点目は、例えば9ページの、案件の成立にネガティブである場合、本当はやったほうがいいのだけど反対するインセンティブがあるのではないか、これはまさにおっしゃるとおりで、賛成・反対の意見にも全く同じことが言えると思います。

　もっとも、私がこの問題について本質的な部分であると思っているのは、案件の成立にポジティブである場合で、成立してほしいから応募を勧めるという部分です。これがどこから生じているかというと、先ほど申し上げた、取締役は何に対して義務を負っているのかという点で、対象者の企業価値の向上とその時点の株主が得られる対価の多寡が一致しているときは良いのですが、それが相反する状況のときにどうすべきなのか、それが最も本質的な部分であると思います。取締役の法的な義務を果たそうとすると、正確ではない意見を述べてしまうかもしれないというシチュエーションだと思うので、そこが一番悩ましいポイントです。

　賛同・反対は、個人的な利害関係を別にすれば、会社にとって良いので賛成する、会社にとって悪いから反対するということで、本来の意味での取締役の善管注意義務を果たしていればそのような意見になるはずです。ところが、今日取り上げた問題は、個人的な利害関係という以前に、取締役の法的義務を果たすにはどうするのが正しいのかという問いを投げかける点で、非

常に悩ましく、興味深い問題だなと思い取り上げさせていただきました。

　2点目も、ご指摘いただいて、なるほどと思ったのですが、そもそも意見を述べる述べないというよりは、ゆがんだインセンティブ構造を解消するような対策を取る方向に持っていくべきではないかというご意見と理解しました。その点はご指摘のとおりであると思いますが、1点目と同じで、ゆがんだインセンティブ構造のうちの、先ほど申し上げた、企業価値の向上とその時点の株主が得られる対価が一致しない状況の解消が非常に難しいという点が一番の悩みで、会社法の議論として、このような場面では取締役はこのような義務を負っているということがある程度明確にならないと解消されない問題なのかもしれないなとも思っています。

　ですので、若干ラジカルな意見になってしまうかもしれませんが、社外取締役で構成する特別委員会にも、理論的には同じ問題があるのではないかと考えています。もしかすると、取締役ではない、会社の企業価値向上に対して責任を負っていない方が公開買付価格の是非について判断したほうが、純粋にその時点の株主が得られる対価の多寡について判断するという点では、正しいインセンティブ構造のもとに判断がなされることが期待できるのではないかとも思うのですが、どのようにしてそのような方を確保するのかということについて現実的な答えはないのではないかと思います。

　ある方とこの議論をしていたときに、事後的に裁判所に対する価格決定の申し立ての制度があって、裁判所が公正な価格を決定するということがあるのだとすると、そのようなことを公開買付けの開始前にできないのかという話になったことがあります。それはすごく理解できる話というか、第三者機関のようなものがあって、その機関が公正な価格を公開買付けが始まる前に判断するような仕組みが仮に現実的に可能であれば、それは1つの理想的な形なのかなと思いました。

○**行岡委員**　宮下先生におかれましては、本日、大変貴重なご報告をいただき、ありがとうございました。非常に興味深い内容でしたし、アメリカにおいてレブロン義務として議論されているような行為規範を日本でどのように

考えていくべきか、恐らくそういった大きな問題を内包する重要な問題提起をいただいたものと受けとめました。

私のほうからは、大崎先生や小出先生のご議論とかなり重複するところではあるのですが、関連するご質問をさせていただきたいと思います。

資料8ページのご説明の中で、対象会社が応募を推奨しないのは極めて異例の事態となるので、応募推奨意見が出ない場合には案件自体が行われなくなる可能性があるというご指摘がありました。もしそのような実務運用ないし実情であるとすると、1つの可能性としては、対象会社の経営陣が、「価格をもっと引き上げないと応募推奨を出しませんよ」といった形で、買収価格の最大化のために買収者側と価格交渉をするための交渉力を与えるという、一定の積極的な意義を見出すことも理屈上はできるのではないかと思うところです。

これに関して2点お伺いしたいのですが、まず1点目は、理論的な話ではあるのですが、宮下先生のご見解におかれまして、このような交渉力を対象会社の経営陣が持つことが規範的な観点から望ましいと評価できるか、という点です。この点は、ご報告で指摘されたように、対象会社の経営陣にインセンティブの問題があるとか、あるいは、そもそも対象会社の経営陣の行為規範自体が最善の買収価格を追求する義務を負うと言えるのかどうか自体が明らかでないということで、もしかしたらそれを規範的に望ましいかどうかを評価すること自体が難しいということなのかもしれませんが、この点について先生のご意見を伺いたいと思います。

2点目は、実務に関するご知見をもしよろしければ教えていただきたいのですが、実務において、対象会社の経営陣が、公開買付け自体には賛成だということを前提に、友好的な買収者を相手にそのような形で価格交渉する、すなわち、価格を引き上げないと応募推奨しないということを梃子として価格交渉するといったことが、実際にあり得るのかということについてご感触をお聞かせいただければと思い、発言させていただきました。

○宮下報告者　2点目から先に申し上げますと、実際にそのような交渉がな

されることはありますし、実感としても、それによって交渉力が確保できていると感じることはあります。

　それが1番目のご質問の回答になっているかもしれませんが、まさにご指摘いただいたとおり、そういう部分でのメリット、プラス面は明らかにあると言えると思います。それを規範的にどう評価するかということは非常に難しい点で、会社法の伝統的な理解としては、株主のために価格をできるだけ引き上げる交渉をすることが取締役の善管注意義務の一内容であると一般的に言えるかというと、そうではないという認識でおります。

　ただ、「企業買収における行動指針」もそうですし、実務界というか、ベストプラクティスとしては、価格を引き上げるための交渉をすべきだということは、ほとんど異論がないだろうと思っていますので、そのための交渉力を与えるという側面が応募推奨をする・しないという意見を述べることにあるだろうという点は、おっしゃるとおりかと思います。プラス面、マイナス面があると思うのですが、この部分に限って言うと、交渉力を確保できるというプラス面が大きいというのは、おっしゃるとおりかもしれません。

○三井オブザーバー　本質的なことまで遡って深く検討された、大変知的に刺激のある、興味深い報告をいただき、ありがとうございます。非常に有意義で勉強になりました。

　TOBをもう少し類型化し、現行の意見表表明報告制度は、敵対的買収の場合に現行経営陣が当該買収に反対しているというケースを想定していたものと推察される一方、友好的かつMBOや親会社が上場子会社を非公開化するようなケースを想定すると、うまくフィットしているかどうか怪しいということが、この研究で明らかにされたと思いました。

　意見表明報告制度は所有構造を変えて、経営の仕方を抜本的に変えるという買収提案があった場合に、現行の経営陣が、今の経営は行き詰まっていて、新しい買収者が出てきてよかったと思っているか、あるいは、そもそも経営の在り方にすいての考え方が根本的に異なると思って争っているという場合、あるいは、企業価値向上の方策について賛否について買収者と現行経営

陣で異なる意見の場合には、その違いを明らかにする意味があると思われます。他方で、経営の現状や今後の経営の在り方についての認識が買収者と対象者との間に大きな意見の相違がなく、例えば、現状は経営不振で、買収が成功したら改善するかもしれないというという場合については、TOB自体への賛否の意見表明が1つの有意義な情報になるかもしれない一方、公開買付価格が適切かどうかについての意見表明については、現行制度の有効性が少し怪しくなってきていると受け止めました。

　また、敵対的買収の場合についてみても、現行経営陣に対して買収者がどういう条件を提示しているかによって現行経営者のインセンティブ構造が変わり、ましてや友好的買収の場合には、例えば、引き続き経営陣でいることが約束されているか、あるいはそう見込まれる場合と、買収成立時には解雇となる場合、その場合でも、ゴールデンパラシュートなど多額の報酬が約束されている場合ととうでない場合で、取締役のインセンティブ構造はかなり異なることが予想されますが、こうしたことが現行規制に十分にビルトインされていないので、必ずしもこうしたインセンティブ構造を踏まえて有益な情報が出てくるようになっていない可能性があるかもしれません。

　さらに、上場子会社のケースでは、親会社が取締役を選任するので、当該上場子会社の取締役の中に少数株主の代表者がいるかいないかも必ずしも明らかではありません。少数株主のイグジットの価格の公正性を確保するための適切な交渉が行われる人が今いないという構図になっているとすると、宮下先生のおっしゃるとおり、第三者が買収者との交渉にあたった方がよく、あるいは、第三者による価格算定意見表明委員会みたいなものがあったほうがいいとの考え方も議論する価値があると感じました。取締役以外が交渉や価格の適否を意見表明するという制度が海外には例がないとの反論も考えられますが、そもそも親子上場が海外にない実務なので、その対策も海外にない方策を考えないと、良い解は見つからないかもしれません。

　親子上場という特殊日本的な事例を除いても、価格についてどう意見表明をするかはなかなか難しい問題だということを今回発見しました。取締役が、

今後取締役であり続けるかあり続けないか、経営方針が変わるのか変わらないのかという点にも影響されると思います。

　そうすると、確かに宮下先生のおっしゃるように、価格の在り方については、もう少し違った切り口として、少数株主の代表者と公開買付者とが二者対立構造の形で交渉を行うようなことは考えられないかというのを個人的に感想として持ったのですが、ご意見、ご感想、あるいは反論等あれば、ぜひいただきたいと思います。

○宮下報告者　親子上場している状態で、その解消のために親会社が子会社に対して公開買付けを行って非公開化する場合が構造的な利益相反の一番典型的なパターンであると考えられていると思いますが、そのような場合は、親会社から独立している方、具体的には独立社外取締役が中心になって検討することが望ましいと、これまでの議論は、そのようなことが出来ていれば良いというのが基本的な考え方であったと思います。

　これに対し、今日のテーマは、独立社外取締役も取締役である以上は会社の企業価値向上に対して責任を負っていて、そのことにより、公開買付けの対価を受け取る株主との間で利益相反が生じることがあり得て、そのような場合は、三井先生がおっしゃったように、株主の利益の立場から検討をする適任者がいないことになってしまうのではないだろうかという問題意識です。

　今申しあげた親子上場の解消の場合も、2019年の公正M&A指針が公表される前の実務は、どちらかというと、社外取締役よりも外部有識者で特別委員会を組成することが多くて、その意味では、取締役ではない全く外部の方が検討することが行われていたのです。ただ、そのような形態であると、会社のことについて十分な理解がないことと、外部有識者と言っても本当の意味で独立性があるかは定かではないということもあり、社外取締役のほうが適切ではないかということで、2019年に公表された公正M&A指針では、かなり明確に、社外取締役が最も適任であるということが示され、それ以来、実務は公正M&A指針に従って社外取締役を最優先に選定して特別委員会

を組成しています。

　そのことには間違いなく1つの合理性はあるのですが、取締役であることによって生じる悩ましい問題があるのではないかというのが今日のお話で、現時点で効果的な解決策が見出せないのと、会社法における取締役の義務をどのように捉えるのかという点が一番根本的な問題なのではないかと思っています。

○三井オブザーバー　日本では取締役の善管注意義務や忠実義務ですが、アメリカではフィデューシャリー・デューティーということになるのだろうと思います。このフィデューシャリー・デューティーが何かは必ずしもよくわからなくて、現代投資理論が確立してからは、そのバリューを最大化することであるというコンセンサスが20年ぐらいあったと聞くのですが、最近それが必ずしもそうでないのではないかという議論が出てきました。

　識者には、日本的ではない"ステークホルダー"を想定し、あるいは、外部経済効果のような考え方を取り入れる議論もあるようです。取締役の、フィデューシャリー・デューティーに相当する日本の忠実義務、善管注意義務を誰に対するどういう内容の義務か、どう定義するかという議論を改めてした方がいいかなと感じています。

　日本では、それは株価が上がるだけことですと言い切れないと思うのですが、しかしながら、何となく株価や株主の経済的利益というものが底流にあって、株主価値向上の源泉が顧客や市場、従業員や社会といった様々な要素から成り立っているので、それらを総合勘案する発想のようにも思います。そうすると、買収価格はできるだけ高くすべく交渉すべきであり、ただし、企業価値といっても、短期的なものではなくて、中長期な株主価値の最大化を目指すということだとすると、短視眼的な最高価格でなく、中長期的に見て企業価値を最大化できるという条件の下での最高価格で、という考え方があり得るのでしょうか？

　それに加えて、企業価値の最大化の意味をもう少し広く捉えると、今の経済構造と将来の経済構造が変わることが想定される場合には、今の経済構造

でバリュエーションしたときの短期的な瞬間最大風速的な最高価格ではなくて、経済構造変化も考慮にいれた中長期的に想定される株価を最大化するようなものを考える必要があるのではないか。現在の買収価格を高くし過ぎると将来の価値を毀損するということがあるならば、その価格を採用せず、中長期的なバリューを最大化する範囲内で高い価格を選ぶということはできないか。気候変動などを中長期的企業価値にどう反映させるのか難しい問題かもしれません。そういった様々な要素をも含めた、定量的なものだけではない、質的な要素の考慮も取締役に課せられており、その場合も取締役の知見と英知と良心に従って判断することを求めるというものなのか、抽象的で月並み過ぎて答えになっていないようにも思われますので、もっとまともな良い考え方があれば、それを定義する議論してはどうかという感想を持ちながら聞いたのですが、ご意見をお伺いできますでしょうか。

○宮下報告者　ステークホルダーの利益を考慮しない場合、会社の価値を高めることと株主が得られる利益を高めることは一致することが多いというのが基本的な考え方であると思いますので、高い買収価格を提示できる人は企業価値を高められるはずだ、だから企業価値向上の観点からも、高い買収価格を提示する買付者は会社にとっても適切な買付者である可能性が高いということになりやすいのだと思います。理論的には、解体型の買収など、買収価格は高いものの企業価値に対してはマイナスであることがあったり、あるいは買付者の見立てが誤っていて、客観的に買付者が高められる企業価値以上に高い価格を提示してしまっているというような状況はあり得ます。そのような場合に、今日のテーマになっている会社の企業価値の観点と公開買付価格が矛盾するというか、相反する状況が生じるのだと思います。

　一方、取締役が純粋な企業価値だけではなくて、最終的企業価値に結びつかないステークホルダーの利益を考えなければいけないということに仮になると、取締役の義務と公開買付価格の多寡が相反する場面は頻繁に生じるだろうと思われます。ステークホルダーの利益を考えると言っても、ステークホルダーの利益に配慮することによって最終的には企業価値向上に資する、

例えば、従業員の利益、取引先の利益を考慮することによって、当該企業に対するロイヤルティが高まるなどによって中長期的に見た場合には企業価値を高めるのだということであれば良いのですが、そうではなく、より公益的な視点で企業価値と全く別にステークホルダーの利益を考慮しなければならないということであるとすると、そのような取締役の義務は、公開買付価格を高めることとは簡単に矛盾すると思いますし、そうなると、ますます取締役が判断することは適切ではないという話になりやすいのかなと思いました。

○**武井委員** 宮下さん、貴重なご報告を誠にありがとうございました。

まず端的な質問ですが、海外で、応募推奨という述語の意見を書かせている国はあるのでしょうかね。

○**宮下報告者** 私は存じ上げないです。

○**武井委員** 多分、直感的にあまりないのではないかなという気がしますよね。今日のお話はいろんな論点が絡んでいると思います。このTOBの制度改正がなされた後に、例えば完全子会社化、MBOにおけるいろんな措置が公正M&A指針等を通じて整理されて開示されてきており、そのおかげでDCFとか、類似業種とか、そういったものを評価した値、買収者側からも対象会社・特別委員会側からもいろいろな数字を今、開示していますよね。そもそも市場価格よりも一定のプレミアをつけているTOB価格であるわけで、そこに加えて。こういう開示の強化が既にされているのに、前例踏襲的に、あるいは行政的な指導で、応募推奨という述語の意見を書いているのが果たして適切なのかというご指摘だと理解しました。私はそう整理したのですが、そういう整理でいいですか。

○**宮下報告者** おっしゃるとおりで、客観的に市場株価と比較してこうだとか、DCFの算定と比較してこうだというのがあれば、それで良くて、それ以上に、主観的に「こう思います」と言うことがミスリーディングになる可能性があるのではないかというのが、まさに今日の問題意識ですので、先生が今ご指摘いただいたとおりです。

○**武井委員** ありがとうございます。現在いろいろとすでに開示措置が相当進んでいるなかで、応募推奨という述語が合っていない、ミスリーディングな懸念もあるというご指摘ですね。対象会社側がどういう理解・前提のもとで意見を述べているか。さきほど先生がおっしゃった取締役としての法的職責との整理も論点になりますし、また場合によってですがねじれの懸念についても先生が先ほどご指摘されていました。そういう論点があるものを行政的な指導なのか前例踏襲なのか、ほかで書いているのから書くと言う、そういった硬直的な運用がよいのか。こうした論点を踏まえて、法的義務がないのに応募推奨という述語の意見が強制されているのだとするとそれはおかしいのではないかという点は、重要なご指摘なのだと思います。今、根幹的ないろいろな議論があるタイミングなわけですけど、その中の1つの重要論点として今回の先生のご指摘が出てくるのかなと思って伺っていました。

○**宮下報告者** 公開買付届出書なり意見表明報告書の記載内容は、金融庁、関東財務局の運用によって定まっているところが実務的にあるので、そのような考え方はあり得ると思います。

○**松尾委員** 私も今の武井先生のご発言に重なるのですが、今、恐らく完全子会社化とか、あるいはMBOなんかのところでは、応募推奨するかどうかは、いわゆる公正性担保措置が十分にとられているかどうかというところが非常に重要なのではないかと思います。その公正性担保措置が十分にとられているかどうかを別途開示する実務が浸透しつつある中で、さらにそれについて応募推奨をするとなると、対象会社の取締役が、その措置が十分であるかどうかという判断をした結果ぐらいしか記載できないのではないかなと思います。

　しかし、対象会社の取締役というのは意見表明の主体としては不適切、交渉の主体としても不適切な場合があることが前提になっている中で、ちょっと制度が合わなくなってきているのかなというのが正直なところです。

○**神作会長** 宮下先生、私から簡単なご質問をさせていただきたいと思います。

ご報告を起点として、ご発言いただいている先生方のご意見を伺っていると、意見表明が会社の意見だというところが問題を非常に難しくしていると思います。これを、例えば独立社外取締役なりが一般株主のためにという観点から意見を述べてくださいという形に役割を明確化して、たとえば社外取締役だけが意見を述べるという制度だったら、宮下先生のお立場からしても、意見表明制度の存在意義があり得るのかというのがご質問です。

　それから、私の理解では、第三者委員会の問題点、その裏側にあるできるだけ社外取締役に意見表明を求めたほうが良いという最大の理由の1つは、社外役員以外の第三者委員会の委員は、直接一般株主に対して責任を負わない点です。取締役になれば、それこそ代表訴訟なり、あるいは会社法429条なり、何らかの形で株主とりわけ少数株主が責任を問えるツールがあると思うのですが、先ほど三井先生が言われた一般株主と第三者との間にはフィデューシャリー・リレーションシップが日本法のもとではなかなか判例上認められないので、どうにも打つ手がないというところが、第三者委員会の実効性が弱い理由であると解されていると思います。先ほど宮下先生は、取締役を義務責任との関係で第三者のほうがむしろ良いのではないかと示唆されたようにうかがいましたが、私はむしろ大きな流れはそうではなくて、取締役に任せたほうがいいのではないかという議論に傾いてきているのかなと思っていましたので、そこのところのご感触を伺えればと思います。

○**宮下報告者**　1点目は、会社の立場からではなくて、株主の立場から意見を述べるということを明確にするのは、制度としてはあり得るのではないかと思います。現在の制度は、意見を述べるときに、どのような観点で判断するのかということが示されていないことが、この問題をより難しくしているところがあります。神作先生がおっしゃっていただいたように、法制度として、公開買付けが行われる場合、社外取締役は、会社の立場からではなく、一般株主の利益の観点から意見を述べなければならないというのは、制度として法令上そのような規定を設けることはあり得るのではないかと思いました。

ただ、その場合も、会社法上の社外取締役としての地位があるので、会社に対して義務を負っていること自体は変わらず、その状況で、一方では、金商法ではそのような立場から意見を述べることが求められているということになった場合、そのような金商法の義務があることによって、会社の取締役として企業価値向上に責任を負っているという立場から、その限りでは解放されたことになるのだろうかということが論点になるのかなと思いました。

　2点目は、おっしゃっていただいたとおりで、今日の私の報告は、社外取締役以外がやったほうが良いのではないかという方向性になっているのですが、今日の報告の問題意識のみに最大限フォーカスして考えると、そのような方向になるのではないかということだと思います。

　ただ、この問題を考えるときに、まさに神作先生からご指摘いただいたように、株主に対してどのような責任を負っているのかとか、さまざまな考慮要素があって、この部分では社外取締役のほうが適している、この部分では外部者のほうが適しているということがおそらくあり、一義的にあらゆる面で社外取締役のほうが良いとか、あらゆる面で外部者の方が良いとかいうことではないのではないかと考えています。

　ですので、あくまでも今日私が取り上げた問題意識との関係では、社外取締役がその立場を担うことが難しい部分があるのではないかという話で、いかなる側面でも社外取締役ではないほうが良いということではないと思います。

　これまでの議論の流れとしては、まさに神作先生にご指摘いただいたとおりで、2019年の公正M&A指針でなぜそうなったかというのは、株主に対して責任を負う立場が明確である人がやるべきであるということだと思います。本日の私のような意見が主流ということはないと思いますので、独自の観点からの意見なのかなと思っています。

○三井オブザーバー　会社法と金商法とが交錯する部分の法制の在り方という切り口で考えてみました。会社は株主を社員とする社団であり、株主から選出された取締役が会社をマネージしていると法律構成します。その社団が

上場されるとどうなるか。法的にはこの社団構成が維持され、過半数ないし多数の株主が選んだ者が取締役になる。TOBの場合は、買収者と対象会社が対峙する一方、買収者が取引をする相手として、現在の取締役を選んだ多数派の株主と、反対株主や少数株主がいる。普通に想定される民主主義の選挙で取締役を選ぶというのとちょっと構図が変わっているような気がします。乱暴な議論で恐縮ですが、TOBの局面では選挙民が総会で侃侃諤諤の議論して選ぶというより、選挙の前か最中に選挙民が変動する。その選挙民の勧誘を買収者が行い、そのためディスクロージャーの名をかりて、選挙民の変動の是非をパブリックな場で、総会もどきの議論をしましょう、という見方もできなくもないかなと思います。

　そうした局面で、うまくワークさせる仕組みとしてどういうものが一番いいのか、取締役が株主に対して何らかの義務を負っているだろうという気はするのですが、法的には委任契約を結んで、会社に対する契約であると構成されているのですが、本来は社員である株主に何らかの義務を負っていると考えることもできるかもしれません。そうすると、少数株主にも一定の保護されるべき財産的な権利があり、マジョリティによる横暴から守られるべき社員としての地位を守る、いわば公平義務的なものを、市場で取引されている、株主は流動的で変わっている、売ったり買ったりされるという上場会社に修正して適用する仕組みとして何か良い制度を構築できないだろうか。ちょっと思いつきみたいな話で恐縮ですが、どうでしょうか。

○宮下報告者　社外取締役が株主に対して責任を負っているというのは、会社法429条の対第三者責任ではなく、取締役が会社に対して善管注意義務を負っており、株主は、株主代表訴訟を通じて取締役に会社に対する義務を履行させるようにすることができるという意味合いだと思います。それに代替するものではないですが、実務上の工夫として一応やっているのは、外部有識者の方、取締役じゃない方に特別委員会の委員になっていただく場合、委任契約を締結すれば民法上必ずそうなるということかもしれないですが、契約上、会社に対して善管注意義務を負っていますということをあえて明確に

記載し、少なくとも会社との関係では取締役と同じように義務を負っている
のだ、ということを明確にすることをしたりしています。

　さらにそれに加えて、例えば、特別委員会の委員が株主の利益を害するよ
うな行動をとった場合には、会社がその株主のために特別委員の責任を追及
するとか、そのような内容を会社と委員との委任契約に盛り込むとか、さら
にそれを対外的に開示することによって、取締役ではない外部有識者である
委員が疑似的に株主に対して責任を負うような構造を作り出すということ
は、理屈上はあり得るかなと思いましたが、実務でそこまでやっていると
いうことはありません。工夫としてはそのようなこともあるかもしれないと思
いました。

○**神作会長**　そろそろ終了時間が近づいてまいりました。本日の討議はこの
あたりで終わらせていただきたいと思います。宮下先生の大変重要かつ貴重
な問題提起に引き続いて、大変活発なご議論をいただき、どうもありがとう
ございました。

　次回の研究会は、議事次第にも書いてございますように、来年2月6日（火）
午前10時～12時に開催させていただきます。日本証券業協会の松本オブザー
バーから、「社債市場に関するテーマ」でご報告いただく予定でおります。
松本さん、ご報告、どうかよろしくお願いいたします。

金融商品取引法研究会（第3回）公開買付けにおける意見表明は必要か？

2023年11月16日
TMI総合法律事務所
弁護士　宮下　央

対象会社の意見表明に関する法令上の定め

- 金融商品取引法27条の10第1項
  - 「当該公開買付けに関する意見その他の内閣府令で定める事項を記載した書類（以下「意見表明報告書」という。）を内閣総理大臣に提出しなければならない。」
- 発行者以外の者による株券等の公開買付けの開示に関する内閣府令25条2号
  - 当該公開買付けに関する意見の内容及び根拠

  「当該意見を決定した取締役会の決議…の内容」
- 第4号様式記載上の注意(2)a
  - 「意見の内容については、例えば「公開買付けに応募することを勧める。」、「公開買付けに応募しないことを勧める。」、「公開買付けに対し中立の立場をとる。」、「意見の表明を留保する。」等わかりやすく記載すること。」

実際の意見表明報告書の記載内容

✓ 実務上、以下の2つの意見を記載することが一般的な対応になっている。

① 公開買付けに賛同するか否か

② 公開買付けに応募することを勧めるか否か

✓ 2023年（※11月10日まで）に提出された全ての意見表明報告書において、ほぼ例外なく上記の2つの意見がいずれも記載されている。

総提出件数	賛同するか否かについての記載	応募することを勧めるか否かについての記載
60件	60件/60件	59件/60件

※応募を勧めるか否かについて記載されていない1件は、公開買付け自体に反対している案件（いわゆる敵対的買収）である。

それぞれの意見の根拠

■ 公開買付けに賛同するか否か

➤ 公開買付けが行われること自体についての是非なので、企業価値が向上するかどうかということで判断される。

■ 公開買付けに応募することを勧めるか否か

➤ 株主が公開買付けに応募することについての是非なので、公開買付価格に対する評価に基づき判断される？
（応募の「推奨」なので、応募してほしいという「希望」・「願望」であってはならないはず。）

応募推奨に関する意見の傾向

✓ その結果として、対象者が賛同している公開買付けにおける応募推奨に関する意見の内容は、部分買付けの場合と全部買付けの場合のそれぞれについて、実務上顕著な傾向がある。

買付けの態様	応募することを勧めるか否かについての記載	
	応募推奨	株主に委ねる
部分買付け（14件）	0件/14件	14件/14件
全部買付け（45件）	44件/45件	1件/45件

※2023年（11月10日まで）に公表された60件の公開買付けのうち、対象者が賛同している59件を対象にしている。
※※全部買付けで応募推奨がない1件は、ディスカウントTOBの後に株式交換を実施することで完全子会社化することを予定しており、TOBに際しては特定の株主のみから取得することが想定されている事案であるため、実質的には部分買付けであると評価できる。

応募推奨に関する意見の傾向の理由

■ 部分買付けの場合

➤ 公開買付けが行われること自体について賛同するということは、経営陣は企業価値が向上すると考えている。

➤ 企業価値が向上する以上、株主が公開買付けに応募せずに継続保有することは合理的である？（買付者が経済的に合理的であることを前提にすれば、常に継続保有することが合理的であるはず。）

■ 全部買付けの場合

➤ 公開買付けが行われること自体について賛同するということは、経営陣は企業価値が向上すると考えている。

➤ ~~企業価値が向上する以上、経営陣は公開買付けが成立してほしい（公開買付けに応募してほしい）~~

➤ 公開買付け後、公開買付価格と同額でのスクイーズアウトを行う以上、公開買付価格が公正な価格であることが前提となっており、そうであれば、応募推奨しなければ辻褄が合わない。

全部買付け（非公開化事案）における
応募推奨に関する意見の傾向

✓ 全部買付けの際は、公開買付けが行われること自体について賛同する場合、ほぼ必ず応募推奨する。

買付けの態様	応募することを勧めるか否かについての記載	
	応募推奨	株主に委ねる
部分買付け（14件）	0件/14件	14件/14件
全部買付け（45件）	44件/45件	1件/45件

✓ 過去2年に遡ってもその傾向は同様に顕著である。

	全部買付け	応募推奨
2023年	45件/全59件	44件/45件
2022年	47件/全59件	46件/47件

※2022年で応募推奨がない1件は、ディスカウントTOBの後にもう1度公開買付けを実施することで完全子会社化することを予定しており、第1段階のTOBに際しては特定の株主のみから取得することが想定されている事案であるため、実質的には部分買付けであると評価できる。

応募推奨がなされない場合に何が起こるか

- 案件自体が行われなくなる。
  - ➢ 対象会社が応募推奨するか否かが案件の成否を決める。
  - ➢ 本来、株主自体が判断すれば良いのでは？
- 価格決定の申立で不利になる可能性がある？
  - ➢ カルチュア・コンビニエンス・クラブ事件
    「本件MBOは、DCF法による価値算定結果との対比の観点及び対象会社による応募推奨の有無の点において、いずれも近時のMBOないし完全子会社化事例の中で特殊な事例であったといえる。」
  - ➢ ファミリーマート事件
- 紛争を招きやすくなる？

応募推奨するか否かにおける
取締役のインセンティブ構造

- ■ 案件の成立にネガティブである場合
  - ➢ 応募推奨した結果、案件が行われなくなる可能性がある。
  - ➢ 個人的な非難を回避する観点からは、応募推奨しない方がリスクが少ない？
- ■ 案件の成立にポジティブである場合
  - ➢ 成立してほしいから応募を勧める。
  - ➢ 公開買付価格が低い方が対象会社（又は取締役個人）にとって望ましい場合がある？

問題意識

- ✓ 応募推奨するか否かの判断基準が示されていない。
- ✓ 価格の妥当性が判断基準であったとして、対象会社の取締役はそれについて意見を言うことに適しているのか？
- ✓ 価格の妥当性についての客観的な情報を提供することはあり得るか？

ご清聴頂きありがとうございました。

LLI/DB 判例秘書

【判例番号】　　Ｌ０６７５０２００

　　　　　　　　株式取得価格決定申立事件

【事件番号】　　大阪地方裁判所決定／平成２３年（ヒ）第９０号
【判決日付】　　平成２４年４月１３日
【判示事項】　　会社の発行する普通株式の公開買付けが公表された後にその対象
　　　　　　　　となる普通株式を取得した株主が当該会社の普通株式に全部取得
　　　　　　　　条項を付す旨の定款変更に反対した場合に当該会社が当該株主か
　　　　　　　　らその所有する全部取得条項付種類株式を取得する価格を公開買
　　　　　　　　付けで公表された買付価格を超えて算定することができる場合
【判決要旨】　　会社の発行する普通株式の公開買付けが公表された後にその対象
　　　　　　　　となる普通株式を取得した株主が当該会社の普通株式に全部取得
　　　　　　　　条項を付す旨の定款変更に反対した場合において、当該会社が当
　　　　　　　　該株主からその所有する普通株式から変更した後の全部取得条項
　　　　　　　　付種類株式を取得する価格について、いわゆる「ナカリセバ価
　　　　　　　　格」が１株当たり４６９円、「増加価値分配価格」が１株当たり
　　　　　　　　１８０円と認められる判示の事実関係の下においては、公開買付
　　　　　　　　けで公表された普通株式の買付価格が１株当たり６００円であっ
　　　　　　　　たとしても、これを超える１株当たり６４９円と算定することが
　　　　　　　　できる。
【参照条文】　　会社法１７２－１
【掲載誌】　　　金融・商事判例１３９１号５２頁
【評釈論文】　　ジュリスト１４５５号１１６頁
　　　　　　　　商事法務１９７５号４１頁

　　　　　　　　　主　　　文

　　相手方発行に係る全部取得条項付種類株式のうち申立人が保有していた１００
株の取得価格は、１株につき６４９円とする。

　　　　　　　　　理　　　由

第１　申立ての趣旨等
１　申立人
　　相手方発行に係る全部取得条項付種類株式のうち申立人が保有していた１００
株の取得価格の決定を求める。
２　相手方
　　相手方発行に係る全部取得条項付種類株式のうち申立人が保有していた１００
株の取得価格は、１株につき６００円とする。
第２　事案の概要
　　本件は、いわゆるＭＢＯの一環として行われた相手方による全部取得条項付種
類株式の取得（以下「本件全部取得」又は「本件全部取得手続」といい、本件全
部取得を手段とする相手方のＭＢＯを「本件ＭＢＯ」という。）に反対した申立
人が、会社法１７２条１項に基づき、申立人が保有していた全部取得条項付種類
株式１００株の取得価格の決定を求めた事案である（以下、全部取得条項が付さ
れる前後を通じ、申立人が保有していた相手方株式１００株を「本件対象株式」
という。）。
１　前提事実
　　（１）　当事者等（甲３、乙１ないし５、９、１３、４３、審問の全趣旨）

ア　相手方は、昭和６０年９月に設立されたフランチャイズチェーンシステムによる書籍、雑誌、文房具、事務用品、玩具、コンピュータ及び同附属装置、映像ソフト、音楽ソフト、ゲームソフト、その他のソフトウェア及びその再生機器の販売並びに賃貸についてのコンサルタント事業等を目的とする会社である。その発行済株式の総数は、１億９４２４万３６２０株、資本金の額は１２６億０４５０万８９００円であった（いずれも平成２２年９月３０日当時）。

　　相手方の株式は、東京証券取引市場第１部に上場されていたが、本件全部取得に伴い、平成２３年７月２２日をもって上場廃止となった。

　　イ　乙山春夫（以下「乙山」という。）は、相手方の代表取締役社長兼ＣＥＯを務める者である。乙山は、本件ＭＢＯ前である平成２２年９月３０日当時、相手方株式の約４１．０１％（発行済株式総数１億９４２４万３６２０株から自己株式数５７３万９５５３株を控除した１億８８５０万４０６７株のうちの７７３０万７０００株）を保有する大株主（筆頭株主）でもあった。

　　ウ　株式会社ＭＭホールディングス（以下「ＭＭＨＤ社」という。）は、本件ＭＢＯにおける買収目的会社として、乙山によって設立された会社である。乙山は、同社の全株式を保有し、かつ同社の代表取締役を務めている。

　　エ　申立人は、平成２３年２月１６日に本件対象株式を取得し、本件全部取得の効力発生日（平成２３年７月２７日）までこれを保有していた。

　（２）　本件ＭＢＯの経緯

　　ア　買収目的会社の設立（乙３、４）

　　乙山は、相手方の経営環境や上場維持の意義等を勘案し、将来にわたって安定的かつ持続的に相手方の企業価値を向上させていくためには、ＭＢＯ（自社経営陣による完全子会社化・非公開化）が必要であると考え、平成２２年１２月２８日、本件ＭＢＯのための買収目的会社としてＭＭＨＤ社を設立した。

　　イ　株式公開買付け（甲５、乙４ないし７、２８、２９、３８）

　　（ア）　ＭＭＨＤ社は、平成２３年２月３日、相手方を非公開化させ、相手方の株主を最終的に乙山のみとすることを目的とする本件ＭＢＯの一環として、相手方の株式につき、次のとおりの公開買付け（以下「本件公開買付け」という。）を実施することとし、その旨を公表した。

　　　ａ　公開買付期間

平成２３年２月４日から同年３月２２日まで

　　　ｂ　公開買付価格

普通株式１株につき６００円（以下「本件買付価格」という。）

　　　ｃ　成立条件（非利害関係株主過半数応募要件）

マジョリティ・オブ・マイノリティ（非利害関係株主の過半数）に相当する５９０６万９８８４株を買付予定数の下限とし、同株数以上の申込があることを公開買付け成立の条件とする。この下限株式数は、平成２２年９月３０日現在の相手方の発行済株式総数（１億９４２４万３６２０株）から、①自己株式数（５７３万９５５３株）、②乙山の保有株式数（７７３０万７０００株）及び③乙山が代表取締役社長を務めるマスダアンドパートナーズ株式会社（以下「Ｍ＆Ｐ社」という。）の保有株式数（１９５万株）を控除し、これに④新株予約権の目的である株式数（４９９万２７００株）を加えた株式数（１億１４２３万９７６７株）の過半数（５７１１万９８８４株）を基礎として、これに、本件公開買付けへの応募を表明しているＭ＆Ｐ社の保有株式数（上記③）を加えた数である。このような非利害関係株主の過半数の応募がない場合には、本件公開買付けは成立しない。

　　　ｄ　本件公開買付け後の予定（二段階買収に関する事項等）

　　　（ａ）　本件公開買付け後、全部取得条項付種類株式を利用した全部取得手続（本件全部取得手続）によって相手方の株主をＭＭＨＤ社及び乙山のみとした上、ＭＭＨＤ社を消滅会社、相手方を存続会社とする合併を行い、相手方の株主を乙山のみとする。

　　　（ｂ）　本件全部取得手続によって、ＭＭＨＤ社及び乙山以外の株主

43

の保有する株式は1株に満たない端数株式となり、これらの株主に対しては、端数株式の売却手続（会社法234条）によって得られる金銭が交付されることとなる。その額は、対象株主が本件全部取得前に保有していた株式の数に本件買付価格600円を乗じた金額、すなわち本件公開買付けに応募していた場合に受け取ることのできた株式売却代金と同額となるよう算定される予定である。

（ｃ）　相手方の株式は、本件公開買付け又は本件全部取得手続により、上場廃止となる予定である。

（イ）　相手方は、平成23年2月3日、取締役会（乙山を除く取締役によって構成された取締役会。以下同じ。）において、本件公開買付けについて次のａ及びｂのとおりの意見表明（以下「本件意見表明」という。）をすることを決議し、その旨を公表した。併せて、このような意見に至ったことにつき、要旨、次のｃのとおりの理由を公表した。なお、相手方には、本件ＭＢＯに参加しない委員によって構成された独立委員会（以下「本件独立委員会」という。）が設置されており、本件意見表明は、本件独立委員会からの同内容の答申を踏まえてされたものであった。

ａ　本件公開買付けについて賛同の意見を表明する。

ｂ　本件公開買付けへの応募については、応募することを積極的に推奨するものでもなく、また、応募しないことを推奨するものでもなく、中立の立場を取った上で、株主の判断に任せることが最善であるとの意見を表明する。

ｃ　本件ＭＢＯにより相手方を非公開化した上で抜本的かつ機動的な事業の再構築を行うことは、相手方の中長期的な企業価値を向上させるものと判断する。

他方、本件買付価格については、直近の市場価格との対比において一応の合理性がみられ、本件公開買付けに係る買付価格として公正性・妥当性又は適正性を欠くほどの水準にあるとは言えないものの、相手方及び独立委員会が依頼した第三者算定機関のＤＣＦ法に基づく評価レンジの下限価格を上回っていないことから、本件公開買付けへの応募を積極的に推奨することができる水準には達していないとの結論に達した。

（ウ）　本件公開買付けは、1億0224万1365株（平成22年12月31日現在の発行済株式総数〔乙山保有株式及び相手方の自己株式を除く。〕の91．95％〔小数点以下第3位を四捨五入〕）の応募により成立した。その結果、ＭＭＨＤ社と乙山の保有株式を併せた平成23年3月31日現在の議決権割合は94．71％となった。

ウ　本件全部取得手続（甲3、4、乙1、8ないし17）

（ア）　相手方は、平成23年3月31日を基準日とし、同年6月6日付けで招集通知を発送した上、同月21日に定時株主総会及び種類株主総会（以下、併せて「本件株主総会」という。）を開催し、定時株主総会に次のａないしｃの議案（以下「本件各議案」という。）を、種類株主総会に次のｂの議案をそれぞれ付議した。その結果、いずれの議案も、出席株主の有する議決権数の約99．8％の賛成により承認可決された。

ａ　定款を一部変更して、残余財産分配優先株式である種類株式（Ａ種種類株式）を発行する旨の定めを設けること

ｂ　定款を一部変更して、相手方が発行する全ての普通株式に全部取得条項を付し、その全部の取得に際し、普通株式（全部取得条項付種類株式）1株につき、Ａ種種類株式1288万4500分の1株を交付する旨の定めを設けること

ｃ　平成23年7月27日を取得日（以下「本件取得日」という。）として全部取得条項付種類株式の全部を相手方が取得し、その取得対価として、上記割当比率に基づき、Ａ種種類株式を交付すること

（イ）　相手方の株式は、本件株主総会における本件各議案の可決承認を受け、平成23年7月22日をもって上場廃止となった。

（ウ）　相手方は、平成23年7月27日、基準日である同月26日の株

主名簿に記載された株主（相手方を除く。）の全部取得条項付種類株式の全部を取得し、これと引換えに、同株式１株につき、Ａ種種類株式１２８８万４５００分の１株を交付した。これにより、ＭＭＨＤ社及び乙山以外の株主の保有する株式は、いずれも１株に満たない端数株式となった。

　　エ　端数株式の売却手続（甲２７、乙１５ないし１８、審問の全趣旨）

　相手方は、本件全部取得手続によって生じたＡ種種類株式の１株未満の端数につき、その合計数に相当する１株をＭＭＨＤ社に１３２億９４９１万４０００円（全部取得条項付種類株式１株当たり６００円の割合による金額）で売却し、この売却によって得た代金により、端数株式を割り当てられた株主に対し、全部取得条項付種類株式１株当たり６００円の割合による対価を交付することとした。そこで、相手方は、平成２３年８月５日付けで、当庁に対し、端数相当株式任意売却許可の申立て（当庁平成２３年（ヒ）第１０４号事件）を行い、同月２２日付けで、上記金額による任意売却を許可する旨の決定を得た。そして、同年１０月３日から全部取得条項付種類株式１株当たり６００円の割合による対価の交付を行った。

　（３）　取得価格決定の申立て（甲１、２、乙４３、審問の全趣旨）

　　ア　申立人は、相手方に対し、本件株主総会に先立ち、本件各議案に反対する旨を通知し、かつ、本件株主総会において、本件各議案に反対した。

　　イ　申立人は、平成２３年６月３０日、当庁に対し、本件対象株式の取得価格の決定を申し立てた。なお、本件全部取得手続について、相手方に対する株式買取請求（会社法１１６条１項）をした者はおらず、また、申立人を除いては、裁判所に対する取得価格決定の申立てをした者もいなかった。

　（４）　相手方株式の市場株価（乙３４、審問の全趣旨）

　　ア　本件公開買付け公表前日（平成２３年２月２日）の相手方株式の市場株価の終値は、４５２円であった。本件買付価格６００円は、この４５２円に３２．７４％（〔６００円－４５２円〕÷４５２円＝３２．７４％〔小数点以下第３位を四捨五入〕）のプレミアムを加算した価格である。

　　イ　本件公開買付け公表前１か月間（平成２３年１月４日～同年２月２日）の相手方株式の市場株価の終値の平均値は、４６９円（１円未満の端数四捨五入）であった。本件買付価格６００円は、この４６９円に２７．９３％（〔６００円－４６９円〕÷４６９円＝２７．９３％〔小数点以下第３位を四捨五入〕）のプレミアムを加算した価格である。

　（５）　第三者算定機関による相手方株式の評価（乙４、３１、３２、３４）

　ＭＭＨＤ社から依頼を受けたＧＣＡアドバイザリー株式会社（以下「ＧＣＡ」という。）、本件独立委員会から依頼を受けた株式会社プルータス・コンサルティング（以下「プルータス」という。）及び相手方から依頼を受けた株式会社ＫＰＭＧＦＡＳ（以下「ＫＰＭＧ」という。）は、それぞれ相手方株式の価値算定を行い、平成２３年２月２日付けで各株式価値算定書を作成・提出した。それぞれの価値算定結果（遅くとも平成２３年２月２日時点における１株当たりの株式価値）は、次のとおりである。

　　ア　ＧＣＡによる価値算定結果
　　　　市場株価法　　　　　４０５円～４６９円
　　　　ＤＣＦ法　　　　　　５３１円～７２２円
　　イ　プルータスによる価値算定結果
　　　　市場株価法　　　　　４０４円～４７０円
　　　　ＤＣＦ法　　　　　　６６６円～９９４円
　　　　類似会社比較法　　　４１４円～５８８円
　　ウ　ＫＰＭＧによる価値算定結果
　　　　市場株価法　　　　　４４２円～４７０円
　　　　ＤＣＦ法　　　　　　７７９円～１０５０円

　２　争点及び当事者の主張の要旨

　　本件の争点は、本件対象株式の「取得の価格」（会社法１７２条１項）（以

下、単に「取得価格」という。）が１株当たりいくらかという点である。

【申立人の主張】

本件買付価格６００円は、本件対象株式の取得価格としては低額に過ぎる。本件対象株式の取得価格は、ＫＰＭＧのＤＣＦ法による価値算定結果の下限である７７９円を下回らない。

（１）　本件買付価格６００円は、プルータス及びＫＰＭＧのＤＣＦ法による各価値算定結果の評価レンジの下限を大きく下回っている。そのため、相手方は、本件公開買付けへの応募を積極的には推奨しないとの意見表明をした。

別紙１は平成２２年１月から平成２３年９月までに公表されたＭＢＯないし完全子会社化事例６６件における公開買付価格に関する相手方作成に係る分析資料である。別紙１の各事例（本件ＭＢＯを除く６５事例）における対象会社取締役会の応募推奨の有無及びＤＣＦ法による価値算定結果は、別紙２のとおりである。このように、本件ＭＢＯを除く６５事例における公開買付価格はいずれもＤＣＦ法による価値算定結果の評価レンジの下限を上回っている上、１件を除く６４事例において応募推奨の意見表明がされている。

以上から明らかなとおり、本件ＭＢＯは、公開買付価格がＤＣＦ法による価値算定結果の評価レンジの下限を下回っている点、及び対象会社の応募推奨が存しない点で異例のＭＢＯであった。このことは、本件買付価格６００円が不当に低い価格であったことを物語っている。

（２）　別紙１の本件ＭＢＯを除く６５事例の公開買付け公表前日の終値に対するプレミアム率の平均は４９．４１％であるにもかかわらず、本件買付価格６００円は、本件公開買付け公表前日（平成２３年２月２日）の相手方株式の市場株価の終値４５２円に３２．７４％のプレミアムを加算した価格にすぎない。

このように、市場価格に対するプレミアム率の点からも、本件買付価格６００円は低きに失するものといえる。

（３）　相手方は、本件ＭＢＯが各種の公正性担保措置を講じた上で行われていることを理由として、本件買付価格をもって本件対象株式の取得価格とすべきであると主張する。

しかし、会社法１７２条の取得価格決定の制度は、公開買付け等の手続の妥当性を審査することを目的とするものなのではなく、株式を強制取得される反対株主に補償されるべき価格の妥当性を審査することを目的とするものである。したがって、如何に手続が妥当であったとしても、上記（１）及び（２）のとおりの不当に低い価格をもって反対株主に補償すべき取得価格とすることは許されない。

【相手方の主張】

本件対象株式の取得価格は、本件買付価格と同額である１株６００円と定めるべきである。

（１）　本件ＭＢＯは、次のとおり、利益相反関係を抑制し、公開買付価格の公正性等を担保するための十分な措置を講じた上で行われており、本件買付価格は、ＭＭＨＤ社（乙山）と相手方（又はその株主）との間のいわゆる独立当事者間取引によって形成された価格であるといえる。したがって、本件買付価格６００円をもって本件対象株式の取得価格とすべきである。

ア　本件公開買付けは、成立条件として非利害関係株主過半数応募要件が設定され、マジョリティ・オブ・マイノリティ（非利害関係株主の過半数）の応募がない場合には公開買付けが成立しない旨が公表された上で行われた。しかも、相手方は、本件公開買付けへの応募について、応募推奨をせず、中立的な立場をとることとし、その旨及び理由（前記前提事実（２）イ（イ）ｃ〔５頁〕）を事前に公表した。にもかかわらず、非利害関係株主の圧倒的多数の者が本件公開買付けに応募した。

イ　本件公開買付けについては、交渉権限を付与された独立委員会（本件独立委員会）が設置された。本件独立委員会は、買収者であるＭＭＨＤ社との間で実質的な交渉を行い、公開買付価格を１株５７５円（ＭＭＨＤ社の当初提案価

格）から６００円（本件買付価格）に引き上げることに成功した。また、ＭＭＨ
Ｄ社及び相手方は、本件公開買付けへの応募について応募推奨をせずに中立的な
立場をとるべきとの内容を含む本件独立委員会の相手方に対する答申内容を本件
公開買付けに際して公表した。

　　　ウ　ＭＭＨＤ社、相手方及び本件独立委員会は、それぞれが独自に、ＭＭＨ
Ｄ社及び相手方から独立した第三者算定機関に相手方株式の価値算定を依頼し
た。そして、ＭＭＨＤ社及び相手方は、その各価値算定結果（前記前提事実
（５）〔７～８頁〕）を事前に公表した。

　　　エ　相手方は、ＭＭＨＤ社及び相手方から独立した法律事務所をリーガル・
アドバイザーとして選任し、その法的助言を踏まえて本件ＭＢＯの是非及び条件
について検討した。このような相手方における検討につき、利害関係を有する乙
山は一切関与しなかった。

　　（２）　前記前提事実（４）のとおりの市場株価に対するプレミアム率は、特
段低いわけではなく、本件買付価格６００円には十分なプレミアムが加算されて
いるといえる。また、本件買付価格の株価純資産倍率（本件買付価格を１株当た
り株主資本〔簿価純資産〕で除した値。）（以下「ＰＢＲ値」という。）は２．
５７倍であり、別紙１のとおり、他のＭＢＯないし完全子会社化事例における公
開買付価格のＰＢＲ値に比して高い値となっている。

　このように、本件買付価格は、１株６００円という価格自体をみても、株主の
利益に十分配慮した価格であるといえ、本件対象株式の取得価格として妥当であ
る。

　　（３）　申立人は、本件公開買付けの公表後に本件対象株式を取得した株主で
あり、公表された本件買付価格や本件全部取得手続の予定を認識した上で相手方
の株主となった者である。全部取得条項付種類株式の取得によって強制的に株式
を剥奪されることとなる株主の保護という会社法１７２条１項の制度趣旨に加
え、機会主義的な投機行動を排除する必要性が大きいこと（全部取得条項付種類
株式を用いたＭＢＯ事案における公開買付け公表後の市場株価は公開買付価格を
やや下回る価格で推移するのが通常であるところ、公表後取得株主にも公開買付
価格を上回る取得価格の決定がされる可能性があることとなれば、公開買付価格
〔全部取得条項付種類株式の取得の対価〕に満足であるか否かにかかわらず、公
表された公開買付価格より低い価格で対象会社の株式を取得して株主となった
上、会社法１７２条１項の取得価格の決定申立制度を利用することにより、公開
買付価格を最低限保障されつつ、取得日後年６分の法定利息を得ようとの機会主
義的な投機行動が助長されることとなる。このような機会主義的な投機行動は、
ＭＢＯ実務の健全な発展を阻害するものであり、排除されるべき必要性が大き
い。）に照らすならば、申立人のようないわゆる公表後取得株主に補償されるべ
き「取得の価格」は、当該公表後取得株主が当該株式を取得した価格を超えない
と解すべきである。

　したがって、申立人が１株当たり６００円を超えない価格で取得したと考えら
れる本件対象株式につき、本件買付価格６００円を超える価格の決定をすること
は妥当でない。

第３　当裁判所の判断
１　本件申立ての適法性について
　前記前提事実によれば、申立人による本件対象株式の取得価格決定の申立ては
適法にされたものということができる。
２　本件対象株式の取得価格について
　　（１）　会社法１７２条１項の「取得の価格」（取得価格）の意義等
　　　ア　会社法１７２条１項は、全部取得条項付種類株式の取得に反対する株主
が、裁判所に対し、取得価格の決定を申し立てることができる旨を定めている。
この取得価格の決定申立制度は、全部取得条項付種類株式の取得が株主総会の決
議により行われ（会社法１７１条１項、３０９条２項３号）、その意思に反して
保有株式を強制的に取得されることになる株主が生じることから、このような反

対株主に対し、保有株式の取得価格の決定申立権を認め、その経済的価値を補償することにより、もって株式を強制的に取得されることとなる株主の保護を図ることを趣旨とするものである。したがって、取得価格の決定申立てがされた場合に裁判所が決定する「取得の価格」は、上記制度趣旨に照らし、全部取得の効力発生日である取得日（会社法１７３条１項）における当該株式の「公正な価格」（会社法１１６条１項、４６９条１項、７８５条１項、７９７条１項、８０６条１項参照）を意味するものと解される。

　　　イ　ところで、一般に、株主は、会社の業績や株価の推移等を参考にしつつ、株式保有を継続するのか又は保有株式を売却するのか、売却するとして、いかなる時期にどの程度の数量の株式を売却するのかを自らの意思で決めることができる立場にある。したがって、株主の有する経済的価値には、株式を売却した場合に実現される株式の客観的価値だけでなく、これを継続保有することにより把握し得る可能性のある株価の上昇に対する期待が含まれているといえる。ところが、会社による株式の強制的な取得が行われると、株主は、自らが望まない時期であっても株式の売却を強制され、株価の上昇に対する期待を失うこととなる。このような株主の有する経済的価値の内容及び株式の強制取得により被る不利益の内容に照らすならば、裁判所が決定する対象株式の取得日における公正な価格は、①取得日における当該株式の客観的価値と、②強制的取得により失われる今後の株価の上昇に対する期待を評価した価格とを、合算して算定すべきものと解するのが相当である。

　　そして、本件ＭＢＯのような会社の非公開化目的のＭＢＯが、企業価値を向上させるための手段として、株式の強制的な取得による少数株主のスクイーズ・アウト（締出し）を行うものであることからすると、このようなＭＢＯの一環として行われた全部取得条項付種類株式の取得に反対する株主に対して補償すべき公正な価格については、①取得日における株式の客観的価値とは、ＭＢＯが行われなかったならば反対株主が享受し得る価値を意味し、②強制的取得により失われる今後の株価の上昇に対する期待を評価した価格とは、ＭＢＯの実施によって増大が期待される価値のうち反対株主が享受してしかるべき部分の価格を意味するということができる。

　　　ウ　したがって、本件対象株式の取得価格は、本件取得日における公正な価格であり、具体的には、①本件ＭＢＯが行われることがなければ相手方株式が有したであろう価格（以下「ナカリセバ価格」という。）と、②本件ＭＢＯの実施によって増大が期待される価値のうち反対株主が享受してしかるべき部分の価格（以下「増加価値分配価格」という。）とを、合算して算定することになる。

　（２）　ナカリセバ価格の算定

　　　ア　株式が上場されている場合、一般に、市場株価には、当該企業の資産内容、財務状況、収益力、将来の業績見通しなどが考慮された当該企業の客観的価値が、投資家の評価を通して反映されているということができる。したがって、上場株式である本件対象株式のナカリセバ価格を算定するに当たっては、その市場株価が相手方の客観的な企業価値を反映していないことをうかがわせる事情があれば格別、そうでなければ、その算定における基礎資料として、評価基準時点である本件取得日にできる限り近接した相手方株式の市場株価を参照するのが相当である。

　　　イ　もっとも、本件公開買付けが公表（平成２３年２月３日）された後の相手方株式の市場株価は、本件ＭＢＯがされることを織り込んだ上で形成されているとみることができる。したがって、ナカリセバ価格の算定に当たっては、本件公開買付け公表後の市場株価を参照すべきでなく、同公表前の市場株価を参照株価とすべきである。

　　また、偶然的要素による市場株価の変動の影響をできる限り排除するためには、一時点における市場株価を参照するよりも、一定期間の市場株価の平均値を参照する方が妥当であるといえるところ、本件公開買付け公表前１か月間の相手方株式の市場株価については、その価格形成を歪めるような特段の事情は認めら

れず、それが相手方の客観的な企業価値を反映していないことをうかがわせるような事情は見当たらない。

　ウ　以上によれば、本件対象株式のナカリセバ価格については、本件公開買付け公表前1か月間（平成23年1月4日～同年2月2日）の相手方株式の市場株価の終値の平均値を参照し、469円（前記前提事実（4）〔7頁〕）と認めるのが相当である。

（3）　増加価値分配価格の算定
　ア　本件対象株式の取得価格と本件買付価格との関係
　（ア）　本件公開買付けは、相手方が主張するように、非利害関係株主過半数応募要件が成立条件とされ、交渉権限を付与された独立委員会（本件独立委員会）が設置されるなど、利益相反関係を抑制し、公開買付価格の公正性等を担保するための種々の措置が講じられた上で実施され、発行済株式総数（乙山保有株式及び相手方の自己株式を除く。）の91.95％の応募を得て成立した（前記前提事実、審問の全趣旨）。
　しかしながら、既に説示したとおり、本件対象株式の取得価格は、本件取得日における公正な価格であり、具体的には、①本件MBOが行われることがなければ相手方株式が有したであろう価格（ナカリセバ価格）と、②本件MBOの実施によって増大が期待される価値のうち反対株主が享受してしかるべき部分の価格（増加価値分配価格）とを合算した価格である。したがって、本件買付価格をもって本件対象株式の取得価格であるというためには、本件買付価格がナカリセバ価格と増加価値分配価格とを合算した価格を下回らないといえることが必要である。
　（イ）　この点に関し、非公開化目的のMBOの一環として全部取得条項付種類株式を利用した二段階買収が行われた場合において、一段階目の買収手続である株式公開買付けが、利益相反関係を抑制し、公開買付価格の公正性等を担保するための種々の措置が講じられた上で実施され、かつ、多数の株主の応募を得て成立した場合には、一般には、当該公開買付価格が、ナカリセバ価格と増加価値分配価格とを合算した価格を下回らないことが多いと考えることはできる。
　しかし、本件買付価格600円は、本件独立委員会及び相手方が依頼した第三者算定機関（プルータス及びKPMG）のDCF法による各価値算定結果の評価レンジの下限価格（プルータス下限価格：666円、KPMG下限価格：779円）をかなり下回る価格であった。また、本件独立委員会及び相手方は、本件買付価格がこのような価格であることを理由として、本件公開買付けへの応募を積極的に推奨することはしないとの立場をとった。DCF法が、将来の事業計画や収益予測を基礎とした価値算定方法であり、DCF法により算定される企業価値が当該企業の将来の収益獲得能力を反映した企業価値であるといえることからすると、DCF法による価値算定結果は、「MBOの実施によって増大が期待される価値」を把握するに当たって、重要な参照株価となるものと考えられる。したがって、本件買付価格600円がDCF法による価値算定結果の評価レンジの下限価格をかなり下回る価格であるとの事実は、本件買付価格が、ナカリセバ価格と増加価値分配価格とを合算した価格を下回っているのではないかとの疑問を生じさせる事情であるといえる。また、別紙1及び2のとおり、平成22年1月から平成23年9月までに公表されたMBOないし完全子会社化事例66件のうち、公開買付価格がDCF法による価値算定結果の評価レンジの下限を下回っていたのは本件MBOのみであり、応募推奨の意見表明がされなかったのは、本件MBOを除くと1件のみであった（乙40、審問の全趣旨）。したがって、本件MBOは、DCF法による価値算定結果との対比の観点及び対象会社による応募推奨の有無の点において、いずれも近時のMBOないし完全子会社化事例の中で特殊な事例であったといえる。
　本件MBOについて認められる以上の事情に照らすならば、本件公開買付けが、利益相反関係を抑制し、公開買付価格の公正性等を担保するための種々の措置が講じられた上で実施され、かつ、多数の株主の応募を得て成立したとの前記

の認定を前提としても、このことのみをもって、本件買付価格が、ナカリセバ価格と増加価値分配価格とを合算した価格を下回らないと即断することはできない。

　　イ　増加価値分配価格の算定方法

　　　（ア）　増加価値分配価格は、「ＭＢＯの実施によって増大が期待される価値」を買収者と反対株主に分配したうちの反対株主に分配される１株当たりの株式価値である。また、「ＭＢＯの実施によって増大が期待される価値」は、「ＭＢＯ実施後の増大が期待される対象会社の企業価値を前提とした株式価値」から、ＭＢＯが行われない場合の対象会社の企業価値を前提とした株式価値（ナカリセバ価格）を差し引いたものである。なお、本件対象株式のナカリセバ価格については、前記（２）（１４頁）で認定したとおりである。

　　　（イ）　まず、「ＭＢＯ実施後の増大が期待される対象会社の企業価値を前提とした株式価値」については、将来の事業計画や収益予測を基礎としてＤＣＦ法等によって算定することが可能である。ＤＣＦ法が、将来の事業計画や収益予測を基礎とした価値算定方法であり、ＤＣＦ法により算定される企業価値が当該企業の将来の収益獲得能力を反映した企業価値であるといえることからすると、企業価値の向上を図るために実施される企業再編（ＭＢＯを含む。）に際し、当該企業再編後の企業価値の増加を織り込んだ株式価値を把握するについては、ＤＣＦ法は一つの合理的な評価手法であるということができる。

　　　（ウ）　次に、「ＭＢＯの実施によって増大が期待される価値」の分配については、原則として、買収者と反対株主に対し、それぞれ１対１の割合により分配するのが相当である。

　　非公開化目的のＭＢＯの実施による企業価値の向上は、非公開化自体によって実現されるわけではなく、非公開化とその後の買収者側の経営努力等とが相俟って実現されるものである。そして、買収者は、ＭＢＯの実施によって、自ら集約的にリスクを引き受けることにより、リターンの獲得を目指すことになる。そうすると、ＭＢＯの実施によって増大が期待される価値は、買収者によるリスク負担なくしては実現し得ないものであるということができる。

　　もっとも、この増大が期待される価値も、ＭＢＯ実施前の従前の企業価値を前提とするものであり、その土台の相当部分は既存株主の保有株式に由来するものであるといえる。また、非公開化のためには反対株主のスクイーズ・アウトを含む既存株主の退出が必要となるのであって、その意味で、ＭＢＯの実施によって増大が期待される価値は、反対株主のスクイーズ・アウトを含む既存株主の退出なくしては実現し得ないものであるということができる。

　　以上の事情に鑑みると、「ＭＢＯの実施によって増大が期待される価値」の分配については、衡平の観点から、原則として、１対１の割合で買収者と反対株主とに分配するのが相当である。

　　ウ　本件対象株式の増加価値分配価格の算定

　　　（ア）　「ＭＢＯの実施後の増大が期待される対象会社の企業価値を前提とした株式価値」の算定

　　　　a　本件ＭＢＯにおいては、本件公開買付けに際し、ＧＣＡ、プルータス及びＫＰＭＧによる相手方株式の価値算定が行われているが、その内容については、各社の算定内容の骨子を簡潔に要約した書面（乙３１、３２、３４）が開示されるにとどまり、株式価値算定書自体や価値算定の前提となる事業計画書等は開示されていない。したがって、上記各社のＤＣＦ法による価値算定が、いかなる事業計画や収益予測を基礎としたものなのか、そもそも各価値算定が前提とした事業計画がＭＢＯを前提としたものなのか、そうでないのかなのかは、定かではない。

　　もっとも、ＧＣＡ、プルータス及びＫＰＭＧは、いずれもＭＭＨＤ社及び相手方から独立した専門性を有する第三者算定機関であり、相手方株式の価値算定に際し、殊更に不適切・不公正な価値算定を行ったとは考え難い。そして、本件ＭＢＯのような非公開化目的のＭＢＯは、企業価値を向上させるための企業再編の

手段として行われるのであり、企業価値の増大に対する合理的期待の存在を前提として行われるものなのであるから、上記各第三者算定機関のDCF法による価値算定結果は、「MBO実施後の増大が期待される対象会社の企業価値を前提とした株式価値」を把握する際の重要な参照株価となるものといえる。

　　　b　そこで、判断するに、GCA、プルータス及びKPMGのDCF法による相手方株式の価値算定結果は、前記前提事実（5）（7～8頁）のとおり、GCAが531円～722円、プルータスが666円～994円、KPMGが779円～1050円であり、GCAが最も低く、KPMGが最も高いのに対し、プルータスの価値算定結果は中間的なものとなっている。また、GCAが買収者であるMMHD社から依頼を受けた価値算定機関であり、KPMGが対象会社である相手方から依頼を受けた価値算定機関であるのに対し、プルータスは、本件独立委員会から依頼を受けた価値算定機関であり、外形的にみて、かつ、MBOにおける利益相反性・情報の偏在という構造的な問題の観点からみても、最も中立的な立場にあるといえる。これらの事情を斟酌すると、「MBO実施後の増大が期待される対象会社の企業価値を前提とした株式価値」については、プルータスのDCF法による相手方株式の価値算定結果を参照し、その中間値である830円（〔666円＋994円〕÷2＝830円）と認めるのが相当である。

　　（イ）　「MBOの実施によって増大が期待される価値」の算定
　「MBOの実施によって増大が期待される価値」は、上記（ア）の「MBO実施後の増大が期待される対象会社の企業価値を前提とした株式価値」830円から、前記（2）のナカリセバ価格469円（14頁）を差し引いた361円（830円－469円＝361円）となる。

　　（ウ）　本件対象株式の増加価値分配価格の算定
　増加価値分配価格は、「MBOの実施によって増大が期待される価値」を買収者と反対株主に分配したうちの反対株主に分配される1株当たりの株式価値である。そして、その分配比率は、前記イ（ウ）（17～18頁）のとおり、原則として、1対1の割合によるのが相当であるところ、一件記録を精査しても、これと異なる分配比率を採用すべき特段の事情は見当たらない。

　したがって、本件対象株式の増加価値分配価格は、上記（イ）の「MBOの実施によって増大が期待される価値」361円を1対1の割合で分配した180円（361円÷2＝180．5円〔1円未満の端数切り捨て〕）となる。

　　（4）　本件対象株式の取得価格の算定
　以上によれば、本件対象株式のナカリセバ価格と増加価値分配価格とを合算した価格は、649円（469円＋180円＝649円）となる。したがって、本件対象株式の取得価格は649円と定めるのが相当である。

　なお、この649円は、本件公開買付け公表前日（平成23年2月2日）の相手方株式の市場株価の終値452円に43．58％（〔649円－452円〕÷452円＝43．58％〔小数点以下第3位を四捨五入〕）のプレミアムを加算した価格であり、ナカリセバ価格469円に38．38％（〔649円－469円〕÷469円＝38．38％〔小数点以下第3位を四捨五入〕）のプレミアムを加算した価格である。平成22年1月から平成23年9月までに公表されたMBOないし完全子会社化事例66件の公開買付け公表前日の終値に対するプレミアム率は別紙1のとおりであり（乙40、審問の全趣旨）、本件MBOを除く65件の同プレミアム率の平均値が49．41％であることからすると、本件MBOにおける上記プレミアム率43．58％又は38．38％は、近時のMBOないし完全子会社化事例との比較において、高すぎることも低すぎることもない平均的なプレミアム率であるということができる。

　　（5）　申立人の主張について
　申立人は、本件対象株式の取得価格はKPMGのDCF法による価値算定結果の下限である779円を下回らないと主張する。

　しかし、本件対象株式の取得価格はナカリセバ価格と増加価値分配価格とを合算して算定した価格であるというべきところ、申立人主張の779円がこのよう

なナカリセバ価格と増加価値分配価格とを合算した価格を上回らないと認めるに足りる証拠はない。前記認定（１４頁及び２０頁）のとおり、本件対象株式については、ナカリセバ価格が４６９円、増加価値分配価格が１８０円と認められるのであって、この認定を覆すに足りる証拠はない。申立人主張の７７９円は、ナカリセバ価格と増加価値分配価格との合計額である６４９円に比して高きに失するから、同価格をもって本件対象株式の取得価格とすることはできない。

（６）　相手方の主張について

ア　相手方は、本件買付価格６００円が、十分な公正性担保措置等を講じた上で実施された本件公開買付けにおいて多数の非利害関係株主の賛同を得た価格であり、市場株価に対するプレミアム率の点でも、株主資本（簿価純資産）に対する株価純資産倍率（ＰＢＲ値）の点でも、株主の利益に十分配慮した価格であると主張する。

（ア）　まず、本件公開買付けは、利益相反関係を抑制し、公開買付価格の公正性等を担保するための種々の措置が講じられた上で実施されており、結果としても、多数の非利害関係株主の賛同を得て成立している。

しかし、ＭＢＯにおける全部取得条項付種類株式の取得価格は、ナカリセバ価格と増加価値分配価格とを合算した価格なのであって、実体的な概念である。公正な手続による株式公開買付けにおいて多数の株主の応募を得たとしても、その公開買付価格が、実体的にみてナカリセバ価格と増加価値分配価格とを合算した価格か、これを上回る場合でなければ、当該公開買付価格をもって取得価格であるとみることはできないはずである。多数の株主が株式公開買付けに応募したとの事実から、当該公開買付価格をもって取得価格であると容易に推認するのでは、株式公開買付けが成立した場合には、これに反対する株主にも同額での買付けに応ずることを強制するのと変わらないこととなってしまう。これでは、公開買付価格に不服があるにもかかわらず、その意思に反して保有株式を強制的に取得されることになる反対株主の保護を図ろうとした取得価格の決定申立制度の趣旨が失われることにもなりかねない。

その他、前記２（３）ア（１５～１６頁）で述べたとおり、本件公開買付けが、利益相反関係を抑制し、公開買付価格の公正性等を担保するための種々の措置が講じられた上で実施され、かつ、多数の株主の応募を得て成立したことを考慮しても、本件買付価格が、ナカリセバ価格と増加価値分配価格とを合算した価格か、これを上回る場合でない以上、本件買付価格をもって本件対象株式の取得価格とすることはできない。

（イ）　次に、プレミアム率及びＰＢＲ値についてみる。

本件対象株式の取得価格は、前記（４）（２０頁）のとおり、ナカリセバ価格と増加価値分配価格とを合算して算定した価格６４９円となる。そのプレミアム率は４３．５８％又は３８．３８％であり（２０頁）、また、そのＰＢＲ値は２．７８（６４９円÷２３３．１５円＝２．７８〔小数点以下第３位を四捨五入〕）である。このプレミアム率やＰＢＲ値は、本件買付価格６００円のプレミアム率３２．７４％又は２７．９３％や、ＰＢＲ値２．５７（別紙１参照、乙４０）と比べても、不相当に高すぎるものとは認め難い。

このように、上記６４９円は、プレミアム率やＰＢＲ値の点でも不相当な価格であるとはいえない。したがって、本件対象株式の取得価格としては、やはり、ナカリセバ価格と増加価値分配価格とを合算して算定した価格６４９円とするのが相当である。同価格を下回る本件買付価格６００円は、本件対象株式の取得価格としては妥当な価格であるとはいえず、採用できない。

イ　相手方は、申立人のようないわゆる公表後取得株主に補償されるべき取得価格は、当該公表後取得株主が当該株式を取得した価格を超えないと解すべきである旨主張する。

（ア）　しかし、全部取得条項付種類株式の取得価格の決定申立権は、会社法１７２条１項各号記載の株主に認められる権利なのであって、公表後取得株主であったとしても、同項各号記載の株主である限り、同申立権を行使し得る。

（イ）　さらに、法が、同申立手続において裁判所が決定すべき取得価格について、公表後取得株主に対して決定すべき取得価格と公表前取得株主に対して決定すべき取得価格とを分けて規定していないことからすると、現行会社法は、公表後に株式を取得し、全部取得条項付種類株式の取得に反対した上、取得価格の決定申立てを行う者に対しても、公表前から株式を有する者に対するのと同様の経済的価値を補償しようとしているものと解される。

　したがって、公表後取得株主であったとしても、原則として、公表前取得株主と同様の取得価格が補償されると解すべきであり、取得価格決定申立制度の趣旨に反する濫用的な機会主義的な投機行動の一環としての申立てについては、例外的な対応をすれば足りるというべきである。

　（ウ）　これを本件申立てについてみると、申立人が取得した本件対象株式の数が僅か１００株にすぎないことからすれば、申立人が濫用的な機会主義的な投機行動の一環として本件申立てを行っているものでないことは明らかである。

　ウ　したがって、相手方の主張はいずれも採用できない。

３　結論

　以上のとおり、本件対象株式の取得価格は６４９円と定めるのが相当である。

　よって、会社法１７２条１項を適用して、主文のとおり決定する。

　裁判長裁判官　　松田　亨

　　　　裁判官　　西村欣也　堤　恵子

（別紙）別紙１、２　〈略〉

54

［参考］ 既に公表した「金融商品取引法研究会（証券取引法研究会）研究記録」

第13号「敵対的買収に関する法規制」 2006年5月
　　　報告者　中東正文名古屋大学教授

第14号「証券アナリスト規制と強制情報開示・不公正取引規制」 2006年7月
　　　報告者　戸田暁京都大学助教授

第15号「新会社法のもとでの株式買取請求権制度」 2006年9月
　　　報告者　藤田友敬東京大学教授

第16号「証券取引法改正に係る政令等について」 2006年12月
　（ＴＯＢ、大量保有報告関係、内部統制報告関係）
　　　報告者　池田唯一　金融庁総務企画局企業開示課長

第17号「間接保有証券に関するユニドロア条約策定作業の状況」 2007年5月
　　　報告者　神田秀樹　東京大学大学院法学政治学研究科教授

第18号「金融商品取引法の政令・内閣府令について」 2007年6月
　　　報告者　三井秀範　金融庁総務企画局市場課長

第19号「特定投資家・一般投資家について—自主規制業務を中心に—」 2007年9月
　　　報告者　青木浩子　千葉大学大学院専門法務研究科教授

第20号「金融商品取引所について」 2007年10月
　　　報告者　前田雅弘　京都大学大学院法学研究科教授

第21号「不公正取引について−村上ファンド事件を中心に−」 2008年1月
　　　報告者　太田 洋 西村あさひ法律事務所パートナー・弁護士

第22号「大量保有報告制度」 2008年3月
　　　報告者　神作裕之　東京大学大学院法学政治学研究科教授

第23号「開示制度（Ｉ）—企業再編成に係る開示制度および 2008年4月
　　集団投資スキーム持分等の開示制度—」
　　　報告者　川口恭弘 同志社大学大学院法学研究科教授

第24号「開示制度（Ⅱ）—確認書、内部統制報告書、四半期報告書—」 2008年7月
　　　報告者　戸田　暁　京都大学大学院法学研究科准教授

第25号「有価証券の範囲」 2008年7月
　　　報告者　藤田友敬　東京大学大学院法学政治学研究科教授

第26号「民事責任規定・エンフォースメント」 2008年10月
　　　報告者　近藤光男　神戸大学大学院法学研究科教授

第27号「金融機関による説明義務・適合性の原則と金融商品販売法」2009年1月
　　　報告者　山田剛志　新潟大学大学院実務法学研究科准教授

第28号「集団投資スキーム（ファンド）規制」 2009年3月
　　　報告者　中村聡 森・濱田松本法律事務所パートナー・弁護士

第 29 号「金融商品取引業の業規制」　　　　　　　　　　　　　2009 年 4 月
　　　　報告者　黒沼悦郎　早稲田大学大学院法務研究科教授

第 30 号「公開買付け制度」　　　　　　　　　　　　　　　　2009 年 7 月
　　　　報告者　中東正文　名古屋大学大学院法学研究科教授

第 31 号「最近の金融商品取引法の改正について」　　　　　　2011 年 3 月
　　　　報告者　藤本拓資　金融庁総務企画局市場課長

第 32 号「金融商品取引業における利益相反　　　　　　　　　2011 年 6 月
　　　　　　　―利益相反管理体制の整備業務を中心として―」
　　　　　　　報告者　神作裕之　東京大学大学院法学政治学研究科教授

第 33 号「顧客との個別の取引条件における特別の利益提供に関する問題」2011 年 9 月
　　　　　　　報告者　青木浩子　千葉大学大学院専門法務研究科教授
　　　　　　　　　　　松本譲治　ＳＭＢＣ日興証券　法務部長

第 34 号「ライツ・オファリングの円滑な利用に向けた制度整備と課題」2011 年 11 月
　　　　　　　報告者　前田雅弘　京都大学大学院法学研究科教授

第 35 号「公開買付規制を巡る近時の諸問題」　　　　　　　　2012 年 2 月
　　　　　　　報告者　太田 洋 西村あさひ法律事務所弁護士・NY 州弁護士

第 36 号「格付会社への規制」　　　　　　　　　　　　　　　2012 年 6 月
　　　　　　　報告者　山田剛志　成城大学法学部教授

第 37 号「金商法第 6 章の不公正取引規制の体系」　　　　　　2012 年 7 月
　　　　　　　報告者　松尾直彦　東京大学大学院法学政治学研究科客員
　　　　　　　　　　　教授・西村あさひ法律事務所弁護士

第 38 号「キャッシュ・アウト法制」　　　　　　　　　　　　2012 年 10 月
　　　　　　　報告者　中東正文　名古屋大学大学院法学研究科教授

第 39 号「デリバティブに関する規制」　　　　　　　　　　　2012 年 11 月
　　　　　　　報告者　神田秀樹　東京大学大学院法学政治学研究科教授

第 40 号「米国 JOBS 法による証券規制の変革」　　　　　　　2013 年 1 月
　　　　　　　報告者　中村聡 森・濱田松本法律事務所パートナー・弁護士

第 41 号「金融商品取引法の役員の責任と会社法の役員の責任　2013 年 3 月
　　　　　　　―虚偽記載をめぐる役員の責任を中心に―」
　　　　　　　報告者　近藤光男　神戸大学大学院法学研究科教授

第 42 号「ドッド=フランク法における信用リスクの保持ルールについて」2013 年 4 月
　　　　　　　報告者　黒沼悦郎　早稲田大学大学院法務研究科教授

第 43 号「相場操縦の規制」　　　　　　　　　　　　　　　　2013 年 8 月
　　　　　　　報告者　藤田友敬　東京大学大学院法学政治学研究科教授

第44号「法人関係情報」 2013年10月
　　　　報告者　川口恭弘　同志社大学大学院法学研究科教授
　　　　　　　　平田公一　日本証券業協会常務執行役

第45号「最近の金融商品取引法の改正について」 2014年6月
　　　　報告者　藤本拓資　金融庁総務企画局企画課長

第46号「リテール顧客向けデリバティブ関連商品販売における民事責任 2014年9月
　　　―「新規な説明義務」を中心として―」
　　　　報告者　青木浩子　千葉大学大学院専門法務研究科教授

第47号「投資者保護基金制度」 2014年10月
　　　　報告者　神田秀樹　東京大学大学院法学政治学研究科教授

第48号「市場に対する詐欺に関する米国判例の動向について」 2015年1月
　　　　報告者　黒沼悦郎　早稲田大学大学院法務研究科教授

第49号「継続開示義務者の範囲―アメリカ法を中心に―」 2015年3月
　　　　報告者　飯田秀総　神戸大学大学院法学研究科准教授

第50号「証券会社の破綻と投資者保護基金 2015年5月
　　　―金融商品取引法と預金保険法の交錯―」
　　　　報告者　山田剛志　成城大学大学院法学研究科教授

第51号「インサイダー取引規制と自己株式」 2015年7月
　　　　報告者　前田雅弘　京都大学大学院法学研究科教授

第52号「金商法において利用されない制度と利用される制度の制限」 2015年8月
　　　　報告者　松尾直彦　東京大学大学院法学政治学研究科
　　　　　　　　　　　　　客員教授・弁護士

第53号「証券訴訟を巡る近時の諸問題 2015年10月
　　　―流通市場において不実開示を行った提出会社の責任を中心に―」
　　　　報告者　太田 洋 西村あさひ法律事務所パートナー・弁護士

第54号「適合性の原則」 2016年3月
　　　　報告者　川口恭弘　同志社大学大学院法学研究科教授

第55号「金商法の観点から見たコーポレートガバナンス・コード」 2016年5月
　　　　報告者　神作裕之　東京大学大学院法学政治学研究科教授

第56号「EUにおける投資型クラウドファンディング規制」 2016年7月
　　　　報告者　松尾健一　大阪大学大学院法学研究科准教授

第57号「上場会社による種類株式の利用」 2016年9月
　　　　報告者　加藤貴仁　東京大学大学院法学政治学研究科准教授

第58号「公開買付前置型キャッシュアウトにおける　　　　2016年11月
　　　　価格決定請求と公正な対価」
　　　　　　　報告者　藤田友敬　東京大学大学院法学政治学研究科教授

第59号「平成26年会社法改正後のキャッシュ・アウト法制」2017年1月
　　　　　　　報告者　中東正文　名古屋大学大学院法学研究科教授

第60号「流通市場の投資家による発行会社に対する証券訴訟の実態」2017年3月
　　　　　　　報告者　後藤　元　東京大学大学院法学政治学研究科准教授

第61号「米国における投資助言業者（investment adviser）2017年5月
　　　　の負う信認義務」
　　　　　　　報告者　萬澤陽子　専修大学法学部准教授・当研究所客員研究員

第62号「最近の金融商品取引法の改正について」　　　　2018年2月
　　　　　　　報告者　小森卓郎　金融庁総務企画局市場課長

第63号「監査報告書の見直し」　　　　　　　　　　　　2018年3月
　　　　　　　報告者　弥永真生　筑波大学ビジネスサイエンス系
　　　　　　　　　　　　　　　　ビジネス科学研究科教授

第64号「フェア・ディスクロージャー・ルールについて」　2018年6月
　　　　　　　報告者　大崎貞和　野村総合研究所未来創発センターフェロー

第65号「外国為替証拠金取引のレバレッジ規制」　　　　2018年8月
　　　　　　　報告者　飯田秀総　東京大学大学院法学政治学研究科准教授

第66号「一般的不公正取引規制に関する一考察」　　　　2018年12月
　　　　　　　報告者　松井秀征　立教大学法学部教授

第67号「仮想通貨・ＩＣＯに関する法規制・自主規制」　2019年3月
　　　　　　　報告者　河村賢治　立教大学大学院法務研究科教授

第68号「投資信託・投資法人関連法制に関する問題意識について」2019年5月
　　　　　　　報告者　松尾直彦　東京大学大学院法学政治学研究科
　　　　　　　　　　　　　　　　客員教授・弁護士

第69号「「政策保有株式」に関する開示規制の再構築について」2019年7月
　　　　　　　報告者　加藤貴仁　東京大学大学院法学政治学研究科教授

第70号「複数議決権株式を用いた株主構造のコントロール」2019年11月
　　　　　　　報告者　松井智予　上智大学大学院法学研究科教授

第71号「会社法・証券法における分散台帳の利用　　　　2020年2月
　　　　　　　―デラウェア州会社法改正などを参考として」
　　　　　　　報告者　小出　篤　学習院大学法学部教授

第72号「スチュワードシップコードの目的とその多様性」　2020年5月
　　　　　　　報告者　後藤　元　東京大学大学院法学政治学研究科教授

金融商品取引法研究会研究記録　第82号

公開買付けにおける意見表明は必要か？

令和5年12月21日

定価 550 円（本体 500 円＋税 10%）

編　者　　金 融 商 品 取 引 法 研 究 会
発行者　　公益財団法人　日本証券経済研究所
東京都中央区日本橋 2-11-2
〒 103-0027

電話　03（6225）2326 代表
URL: https://www.jsri.or.jp

ISBN978-4-89032-698-3 C3032 ¥500E
定価 550 円（本体 500 円＋税 10%）